Créditos editoriales

Edición, 2022
©Damarisse Martínez

ISBN 1-881713-71-7

Producido en Puerto Rico

Primera Edición 1999
Segunda Edición 2000
Tercera Edición 2022

Colaboración Especial
Lcdo. Carlos Díaz Olivo

Diseño Tipográfico
Eva Gotay Pastrana

Correctores De Estilo
Prof. Myrna Emanuelli
Prof. Ileana Heyliger

Fotografías
Teve Guía • El Vocero • Miguel López

Rediseño de Portada
Rebecca Francia

E-Mail:
necommpr@gmail.com

Redes Sociales:
@MenudoLaHistoria

Damarisse Martínez

DEDICATORIA

Para: Danet
y Tata Inés, "donde quiera que estés".

A aquellos que tienen visión y saben luchar,
pues el mundo depende de ustedes.

INDICE

AGRADECIMIENTOS

A Dios por sobre todas las cosas, porque me dio el tiempo necesario para concluir esta obra y los ánimos de continuar trabajando cuando más los necesitaba.

A mis padres por brindarme la educación que me ha permitido llegar hasta aquí, y a mis hermanitos Orlandito y Danet por alegrar mi vida.

A "el maestro" Magdiel Tirado: si me detuviera a detallar las razones para expresarte mi agradecimiento, terminaría con una enciclopedia de diez tomos. Por lo tanto, no me queda otra alternativa que darte billones de gracias por tu cariño, respaldo, ayuda, comprensión, estímulo, ... Gracias porque hasta en los peores momentos, me serviste de apoyo. Gracias por creer en mi.

A Andrés Palomares y a Eva Gotay de Publicaciones Puertorriqueñas por confiar en mi y en este proyecto.

Al Lcdo. Benjamín "Benny" Angueira, quien sin lugar a dudas, tiene un gran compromiso con la justicia. Gracias mil por su disponibilidad.

Al ex-menudo Robert Avellanet por su confianza y tiempo. Exito en todo lo que emprendas. La suerte ya la tienes, eres talentoso.

A David y Viviana Impelluso por sembrar en mi la primera gota de este aguacero.

Por su tiempo y asesoría en este proyecto: a la Profesora Myrna Emanuelli, al Lcdo. Juan Casasnovas, al Lcdo. Roberto Sueiro, al periodista Javier Santiago y a René Zayas, uno de los cerebros detrás de Menudo.

Al periodista Miguel López por la disposición de facilitarme tus fotografías. Eres una bella persona y ¡qué mucho sabes!

A mi amigo, el fotógrafo Omar Cruz "el mago del lente", por esperarme y ..., bueno, basta con mirar mi foto. Eso lo dice todo.

A Wanda Montes por guardar el secreto y brindarme entusiasmo.

A Nini Ruiz, "la alcaldesa de Miami", por su ayuda y apoyo que nunca me faltan.

A Sonia Cordero del periódico **El Vocero** por su disposición y cooperación al facilitarme sus fotografías.

A Cristina Saralegui por cederme copia de su programa.

A toda la gente de la revista TeVe Guía, a su gerente, el Sr. José García, a Edgar Torres y muy en especial a quien "casi me matricula en la Universidad de México", Papo Brenes por su cooperación y disponibilidad.

A quienes siempre serán mis artistas por guardar el secreto, prestarme de su tiempo y comprensión: María Alejandra, India, Skapulario (David, Toño, Jimmy, Angel, Mandy, Javier, Samuel y Danny) y Stephanie. A Alex D' Castro por sus palabras que siempre me llegan al corazón.

A Carlos Díaz Olivo: Wow! ¿Qué puedo decirte?, si hasta me resulta irónico darte las gracias. Tú sabes el valor que tienes para mi y para este proyecto. Tú, mejor que nadie, sabes todo lo que hiciste. Gracias por compartir conmigo tu tiempo, que es muy valioso, tu sabiduría que te eleva por encima de los demás, tu visión sobre la vida y tu gran sentido de lucha. Gracias por honrarme con tu cariño, paciencia y porque siempre me brindaste las palabras justas en el momento preciso. Siempre estaré en deuda contigo.

Y por último, gracias a tí, que has tenido la gentileza de llevar mi trabajo hasta tu hogar.

INTRODUCCIÓN

En mis años de infancia, fui una de las miles de fanáticas que vivió y creció con la música y las peripecias de Menudo. Cada artículo, disco, programa, película o producto que de algún modo estuviera relacionado con Menudo y sus integrantes, se convertía para mi en un artículo de primera necesidad que con imperiosa rapidez tenía que adquirir. Así de simple fanática pasé a ser una admiradora de todo lo relacionado con la agrupación.

Menudo encendió en mi una ilusión que no desapareció al dejar atrás mi adolescencia y comenzar mis años de vida adulta. Luego de cursar estudios en el campo de las comunicaciones y laborar en varias facetas en el mundo de las relaciones públicas y el espectáculo, mi admiración y respeto por lo que Menudo significó, creció aun más al comprender en toda su dimensión lo que este conjunto representó. Fue precisamente esa admiración a lo que legítimamente puede catalogarse como un verdadero fenómeno del mundo del espectáculo, lo que me llevó a reflexionar sobre la posibilidad de escribir acerca de esta agrupación.

Sobre Menudo y sus integrantes, se han escrito miles de páginas, no sólo en las mejores revistas de la industria del disco y del espectáculo, sino incluso en publicaciones ajenas totalmente al genero musical, las que no pudieron ignorar el impacto y el legado de esta agrupación. Estas publicaciones, muchas de las cuales se destacan por su extraordinaria calidad y profesionalismo, abordaron el fenómeno de Menudo como el interés musical más reciente de una generación o simplemente como un grupo de moda en el mundo del espectáculo. Desde esta perspectiva, hoy era Menudo, pero mañana, al igual que había ocurrido ayer, surgirían otros intérpretes que de igual manera disfrutarían por un tiempo del favor y la aclamación del público. En consonancia con esta visión, la mayoría de los escritos sobre la agrupación, se caracterizaron por dar a conocer, con un gran despliegue fotográfico, los diferentes componentes de la agrupación, sus viajes y éxitos alcanzados.

Pero, a mi entender, la historia de Menudo quedaría incompleta si limitáramos su recuento bibliográfico a una recolección gráfica de sus integrantes y de aquellas experiencias anecdóticas que surgieron durante la existencia de la agrupación. En ese sentido resultaba imprescindible realizar un análisis profundo sobre Menudo y evaluarlo desde la perspectiva de un fenómeno y un ejemplo magistral del mercadeo y las relaciones públicas, que hizo posible que cinco niños alcanzaran lo que hasta ese momento, nunca nadie había logrado y que tal vez nunca más vuelva a repetirse.

Muchas personas se limitan a ver a Menudo meramente como una agrupación de jovencitos que tuvo éxito entre el público joven. Incluso, ciertos críticos han expresado que con el surgimiento del quinteto, los oídos del público se quedaron infectados. Esto, en evidente menosprecio a la aportación musical que hiciera este fenómeno al mundo del espectáculo. Menudo fue mucho más que cinco chicos que cantaban y bailaban al ritmo de una música acaramelada y pegajosa. Debemos visualizar a Menudo como un conjunto juvenil que penetró de una manera nunca antes vista para imponerse en una industria hostil y poco receptiva a este tipo de producto musical. La visión de su genio creador hizo posible que esta agrupación trascendiera las barreras culturales, lingüísticas e incluso los estereotipos musicales de entonces, para imponer su concepto en mercados tan diversos y difíciles como: Brasil, Estados Unidos Continentales, Filipinas, Hawaii, Australia, Africa, Europa y hasta Japón. También, es admirable el hecho de que este quinteto pudo mantenerse vigente por un período de tiempo tan extenso y alcanzar sus veinte años de existencia. Más sorprendente aun, es su resurgimiento quince años después con seis de los ex-integrantes, en lo que se denominó como "El Reencuentro".

El análisis de estos y muchos otros éxitos similares, alcanzados por Menudo, motivó la publicación de este libro. Con él, no pretendemos hacer meramente una biografía de los integrantes y de todas aquellas personas que de una forma u otra intervinieron durante los veinte años de la existencia de Menudo. Tampoco aspiramos a recoger los miles de relatos, sin duda interesantes, que durante este lapso de tiempo experimentó la agrupación. Nuestro objetivo, como explicáramos, es distinto. Nos interesa resaltar mediante un examen detenido, la grandeza de Menudo, su contribución a la industria de la música y cómo logró alcanzar el sitial único que ocupó.

Repasando la cronología de acontecimientos que transcurrieron durante la extensa vida del quinteto, tuvimos que detenernos por un rato en uno de los momentos más complejos por los que atravesaron sus protagonistas. Como a las más grandes estrellas, en algún momento de sus vidas, inevitablemente el escándalo los afecta. No hubiera sido responsable de nuestra parte obviar la serie de incidentes lamentables que se materializaron entre 1990 y 1991, pues también formaron parte de Menudo y en gran medida contribuyeron a su desintegración final. Es por eso, que nos dimos a la tarea de recopilar y analizar cada una de las situaciones, personajes y acusaciones que se suscitaron como parte de lo que se denominó "El caso Menudo".

Fueron muchas las horas, los días y noches, semanas y meses que dedicamos a este trabajo y a la difícil responsabilidad de mantener la objetividad al momento de analizar una historia tan compleja y repleta de fuertes emociones. También, fueron muchas las noches que mientras escribía, escuchaba una y otra vez, aquellos discos de Menudo hechos en pasta que recrearon en mi mente toda la fantasía y la emoción que una vez sentí. Desempolvé cada recuerdo de Charlie, Ricky, Miguel, Johnny, René... y volví a ponerme aquellas camisas del quinteto que con tanto orgullo llegué a exhibir. Pero, por sobre todas las cosas, siempre traté de mantenerme enfocada en mi objetivo para no dejarme influenciar por ninguna de las partes involucradas en esta historia, ni someterme a la embriagante magia de Menudo.

En este relato haremos un viaje por la vida de Menudo y nos detendremos en sus momentos más significativos. Recorreremos desde su nacimiento hasta su consagración total y veremos como se apagó la luz de la más grande de nuestras estrellas. Pero contrario a otros casos, por primera vez seremos testigos de una verdadera resurrección, un milagro que obró en la vida de todos, un milagro que hizo justicia para algunos y cobró los males que otros provocaron "El Reencuentro".

El producto final, con sus méritos y deficiencias, es el resultado de un esfuerzo genuino de aportar a un mayor entendimiento sobre un concepto revolucionario y de un grupo de talentosas personas que estremecieron para siempre el mundo de la música y el espectáculo y que es justo reconocer y divulgar.

Tanto Menudo, aquellos que en un momento formaron parte de él y el público que los siguió, son los verdaderos protagonistas de este **"reencuentro con la verdad"**.

LA MENUDITIS

Menuditis: Una extraña, contagiosa e incurable condición que produce síntomas de autodescontrol, euforia, e histeria colectiva. Se detectó por primera vez en el 1980.

"Encarcelan Presidenta Fan Club de Menudo". Para asombro de muchos, así leía el titular de uno de los principales periódicos de Medellín, Colombia. Marta Luz Coronel de 17 años, fundadora del peculiar Fan Club "A volar con las enamoriscadas de Menudo" y experta en Artes Marciales, fue arrestada por haber propinado una violenta paliza (lo que ésta definió como una "lección") a un individuo que según la propia Marta, había violado el principal estatuto impuesto por ella en Medellín, que prohibía decir mentiras o hablar mal de Menudo en dicha ciudad. Junto a la Presidenta del club, otras dos fanáticas también fueron arrestadas por las autoridades. Esta regla, establecida, entre otras, por el también llamado "Mini-Cartel de Medellín", aplicaba a

todos los ciudadanos. Para hacer cumplir la misma, la joven entrenó a algunas de sus socias en la disciplina de las artes marciales. Se alega que fueron muchos los lesionados por las "enamoriscadas voladoras" al desacatar tan fundamental directriz. A raíz de estos arrestos, el Fan Club desapareció.

Como extraído de la mente del más ingenioso escritor, este insólito suceso es tan sólo una pequeña muestra de los síntomas provocados por la "menuditis". En cada lugar donde se presentaba el quinteto se armaba una histeria colectiva. Aplausos, gritos, llantos, desmayos, locuras son algunos de los síntomas que se presentaban en las fanáticas poseídas por la extraña enfermedad. Sus seguidoras les acompañaban a todas partes. No se perdían un sólo episodio que la agrupación protagonizara. Si había tres funciones de un mismo concierto, allá iban. Compraban boletos para las tres. Pertenecían a todos los "Fan Clubs" que pudieran y tenían tantos «posters» (carteles) en sus cuartos que no era necesario pintar las paredes. Adquirían sin importar cómo, todo artículo que llevara su logo o nombre. Memorizaban cada una de las letras de sus canciones e imitaban a la perfección sus coreografías.

Muy bien lo definió la periodista Gisel Laracuente en el reportaje "20 de años de Menudo", redactado para la revista puertorriqueña, GTVE: "Ser *Menudera* era andar con su camiseta puesta, sus mahones y sus zapatos, tener sus fotos en la cartera y forrar las libretas con sus retratos. Era escribirles cartas, organizar clubes (para hacer obras benéficas), llenar de afiches nuestros cuartos y asistir a todos sus conciertos, sin importar cuán lejos estos fueran. Además, era saberse sus fechas de nacimiento, averiguar sus direcciones y teléfonos, y por supuesto, hablar de ellos las 24 horas del día...".

Ser fanática te permitía crear cualquier locura. Podías llamar a la habitación de tu integrante favorito en México desde tu residencia en Nueva York a las 3:00 de la madrugada, si lograbas de algún modo ingeniártelas para conseguir el teléfono del hotel donde el conjunto estuviera hospedándose. Sin duda alguna, el integrante te iba a recordar toda su vida y seguramente tu madre te querría matar al ver la cuenta telefónica. Esta era tan sólo una de las muestras de cariño a las que estaban sujetos los integrantes de la agrupación.

Tanto conocían sus seguidoras sobre el quinteto, que llamaban por nombre y apellido a cada uno de los miembros del equipo de trabajo a cargo de la agrupación. Desde Edgardo Díaz y Jose Luis Vega, "Joselo", el famoso coreógrafo, hasta el conserje de las oficinas eran aclamadas personalidades ante los ojos de sus fieles fanáticas.

Menudo contó con más de cincuenta tipos y estilos diferentes de artículos promocionales para complacer la constante sed de las jóvenes que deseaban poseer todo lo que llevara impreso a sus ídolos. Esta es la mayor variedad en mercadería ("merchandising"), generada por un artista hispano y posiblemente en todo el mundo.

La menuditis no tenía límite alguno. Era una fiebre de dimensiones totalmente desproporcionadas. No importa a que país contagiara, la reacción era la misma.

Cientos de reportajes muestran escenas impactantes de la época de gloria, en las que miles de fanáticas rodeaban las calles, bloqueando su paso, frente al hotel, donde se hospedaba el quinteto. Uno de los visuales más recordados fue cuando en junio de 1983, previo a sus conciertos en el Madison Square Garden de Nueva York, más de "¡10,000 histéricas niñas!" se conglomeraron en la avenida donde se encuentra el Middletown Doral Inn, lugar donde se alojaría el quinteto, según los informes de la Policía, publicados por el Daily News. Este mismo suceso fue reseñado, por los periodistas Chris Oliver y Charles

Lachman del New York Post, como un suceso sin igual desde el recibimiento de los Beatles en 1964.

Según relatan algunos, esta euforia se convirtió en tal problema para la seguridad de algunos hoteles y sus otros huéspedes que estos optaron por evitar alojar a los integrantes, prefiriendo que utilizaran otras hospederías.

Esta euforia de las fanáticas llegaba a tales extremos que en marzo de 1985, se reportaron dos muertes en Río de Janeiro, Brasil. La policía de la ciudad inició investigaciones a raíz de estas muertes, provocadas por la alegada sobreventa de los conciertos que ofreció la agrupación, que causó que unas 20 mil jóvenes quedaran atrapadas en las entradas del estadio Vasco de Gama. En esta misma ocasión, los periódicos brasileños expresaron su asombro ante las rigurosas medidas de seguridad que se tomaron ante el arribo del conjunto. Tras su llegada a la ciudad de La Fortaleza se congregó una fuerza de 300 policías para proteger la seguridad de Menudo, casi con las mismas precauciones adoptadas cuando el Papa Juan Pablo II llegó a esa ciudad en 1980.

En octubre de 1988 en San Antonio, Texas sobre 2,000 fanáticos invadieron un local en un Centro Comercial donde se llevaba a cabo una sección de autógrafos. Las eufóricas jovencitas evadieron las medidas de seguridad, y se avalanzaron sobre los integrantes, quienes lograron escapar con su ropa desgarrada. Se requirió la presencia de efectivos adicionales para controlar la situación. CNN, Entertainment Tonight y los principales noticieros y periódicos nacionales reportaron el incidente que denominaron como la "Beatlemanía hispana" ("Spanish Beatlemania"), comparándolo con el furor que causaba la histórica agrupación "The Beatles" en los años 60. Vale la pena recalcar la importancia de esta comparación, pues esta agrupación inglesa posee gran número de los récords mundiales en la industria del entretenimiento de todos los tiempos.

No todo fue emoción en aquellos entonces. Muchas jovencitas confundidas con la magia y el esplendor de los artistas, recurrieron a otras tácticas menos honrosas, con tal de llegar hasta sus ídolos. Según revelaron varias revistas de esta época, algunas fanáticas aceptaban proposiciones o por lo contrario las proponían ellas, para hacer favores de tipo sexual a ciertos oportunistas oficiales a cargo de la seguridad del grupo, a cambio de permitirles su acceso a los integrantes.

Cualquiera de los 33 integrantes que atravesaron las diferentes etapas de la agrupación podría narrar todo tipo de experiencias. En mi caso particular, recuerdo una que me llamó la atención, por la ansiedad que me provocó escucharla. Al finalizar un concierto, los integrantes fueron retirados de la tarima por el personal de seguridad asignado. En un intento por evadir las miles de histéricas jovencitas que se encontraban en los alrededores de la tarima, los oficiales actuaron con suma ligereza. En el proceso, Robby quedó aprisionado y una avalancha de niñas cayó sobre él. Trataba de gritar, pero la muchedumbre no permitía que la seguridad se percatara de su situación. La multitud estaba sofocándolo. No fue hasta que Raymond lo vio y trató de ayudarlo a salir, cuando entonces, las seguridad tomó acción y logró rescatarlo.

En otra ocasión, Sergio González fue pateado en sus partes privadas por una de las chicas que desesperadamente trataba de subir a la tarima donde se encontraba la agrupación grabando uno de sus programas de televisión, "Menudomanía".

Contaba Ricky Martin que una vez, una fanática intentó cortarle el pelo a Sergio para guardarlo como recuerdo, pero no logró su intento. Luego, la misma niña le contó su anécdota al padre de Sergio, a quien su hazaña no le pareció de ningún modo simpática.

Durante la etapa que laboré junto a los ex-integrantes Robert Avellanet y Rawie Torres, recién concluída su participación en Menudo e iniciado su proyecto Euphoria, fui testigo de las cientos de cartas que le llegaban en tan sólo días. Algunas de éstas expresaban el sentir de sus fanáticas, a raíz de su renuncia a Menudo, y por cierto, su apoyo a lo nuevos planes artíticos de los jovencitos. Otras cartas impresionaban más. Incluían hasta cadenas y objetos de gran valor.

Nunca olvidaré los "grafittis" que "con mucho cariño", diseñaban, las fanáticas de los ex-integrantes con sus lápices de labio en mi auto, cada vez que lograban identificarme como parte del equipo de trabajo de los chicos.

Menudo contaba con miles de "Fan Clubs" (clubes de fanáticas) a través de todo el mundo. En cada país o estado había cientos de estos. Por supuesto, de todos los existentes, el **Universal Fan Club** era el club oficial. Como parte de la membresía anual, podías recibir a vuelta de correo: afiches, fotos autografiadas, información de tu menudo favorito e intercambiar correspondencia en algunos casos. Pero, lo mejor de ser miembro del "Universal Fan Club", era la oportunidad de participar de actividades especiales, días familiares junto al quinteto y hasta del cumpleaños de algún menudo, donde podías compartir "en vivo y a todo color" con ellos.

Las menuderas estaban en todo y por supuesto, había de todo para ellas. Hasta un concurso llamado **La chica joven de Menudo**, en el cual participaban sobre ochenta jovencitas de todos los pueblos de Puerto Rico. Para sorpresa de muchos, algunas de estas participantes hoy en día se han convertido en figuras populares de nuestro país, como por ejemplo: las cantantes de merengue, Celinés y Giselle y la modelo y animadora Nashalie Enchautegui. Este concurso le ofrecía a las jovencitas una serie de beneficios como becas de estudio, regalos y sobretodo, la oportunidad de conocer y compartir con Menudo.

Hay anécdotas para rato. Pero si continuamos narrándolas, ésta se convertiría en la historia de "nunca acabar". La "menuditis" no tenía límites y sin dudas, acompañará a quienes la padecieron hasta el último día de sus vidas. Es un recuerdo que se despierta al sonar de una sóla palabra: "Menudo".

Es por esa razón que veinte años después, **El Reencuentro** lograría revivir la euforia y la histeria que se apoderaba de cada una de las que alguna vez fueron infectadas por este fenómeno. Sorprendentemente la "menuditis" dejó de ser un padecimiento que atacaba sólo a las féminas. Durante los conciertos de El Reencuentro hasta los hombres se enorgullecieron de acompañar al ritmo de la música a cada uno de los ex-menudos, al tiempo en que gritaban parados sobre sus asientos: "¡otra, otra, otra!...".

Hoy surge una nueva generación de "menuderos", que tuvo su inicio en este reencuentro. Las hijas de aquellas primeras menuderas han despertado su interés por los discos y la magia de los menudos de la época de gloria. Aquellas canciones de amor, mensajes positivos y situaciones cotidianas con las que lograban identificarse sus admiradoras, hoy despiertan los mismos sentimientos en otras jovencitas. La juventud de una y otra época atraviesa las mismas situaciones y se llena con las mismas emociones. Es por eso que nació el inmortal fenómeno de la "menuditis".

Las seguidoras de Menudo ingeniaban cualquier cosa para llamar su atención.

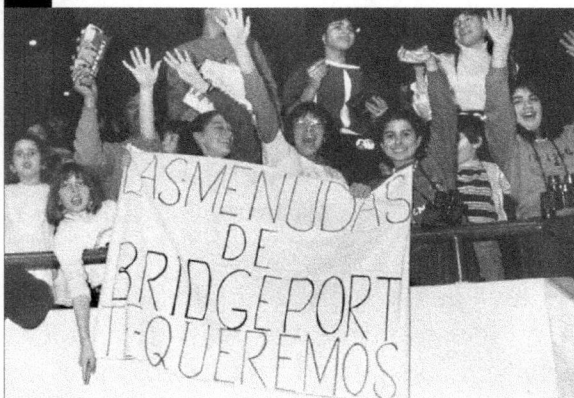

Se organizaron cientos de clubes de fanáticas que los seguían a todas partes pero el más grande y el oficial fue el "Universal Fan Club".

Durante las presentaciones las fanáticas enardecidas invadían la tarima para avalanzarse sobre los jóvenes.

EDGARDO: el genio creador

Si atribuyéramos todas las glorias a Menudo y no reconociéramos la figura clave detrás de este fenómeno artístico, seríamos sumamente injustos y la historia de Menudo quedaría incompleta.

Si bien es cierto que para triunfar, un artista requiere de talento, es igualmente cierto que el equipo de trabajo que lo guía tiene que tener tanto o incluso mayor talento. En Menudo, este equipo de visionarios estuvo encabezado por el puertorriqueño Edgardo Díaz Meléndez. Es mucho lo que se ha hablado sobre este empresario, que en un momento dado se convirtió en el eje central de una controversia de grandes proporciones. Sin embargo, aunque a muchos les disguste oírlo, Edgardo Díaz es Menudo.

De padres militares destacados en la Zona del Canal de Panamá, Edgardo llegó al mundo en este hermano país. Desde muy joven sintió fascinación por el mundo del espectáculo. Tanto así, que a sus quince años se estrena en la radio como "disc-jockey" (locutor) en la emisora Radio Tiempo de la ciudad de Caguas en Puerto Rico. Simultáneamente, se desempeñó como director del grupo "Viva la Gente", un movimiento muy en boga durante los años 60.

Edgardo siempre supo lo que haría con su vida. Al finalizar sus estudios de Escuela Superior, partió hacia España para estudiar producción y dirección de cine y televisión. En los años 70 su vida tomó otro giro cuando conoció y estableció amistad con los integantes originales del entonces famoso grupo juvenil "La Pandilla". A petición de los jóvenes y por entender que ésta sería una oportunidad para adentrarse al mundo del espectáculo, Edgardo aceptó trabajar en la gira de presentaciones a cargo del sonido de la agrupación. Eventualmente, "La Pandilla" se disolvió debido a problemas internos. Sin embargo, aprovechando la experiencia que adquirió en la enorme gira que recorrió toda España, Edgardo tomó la responsabilidad de reorganizar con dos de los integrantes originales (Javier y Blanca), y otros tres integrantes (Gaby y los gemelos Rubén y Javi) la segunda etapa de la que también se llamó "La Pandilla". Debe quedar muy claro que Edgardo reorganizó la agrupación, pero no la fundó en su origen como se ha especulado en el pasado. Claro, esto no debe restarle mérito alguno al empresario.

Irónicamente, esta segunda conformación de "La Pandilla" obtuvo éxitos en Puerto Rico y República Dominicana, pero en España nunca despegó. Edgardo relató en una ocasión, que no fue mucho el dinero que ganó con esta agrupación, a causa de los errores que cometió como novato. Pero, lo que no obtuvo en dinero, lo ganó en la experiencia que posteriormente invertiría en Menudo.

En 1976, Edgardo, cansado de las disputas internas de los padres de estos jóvenes, decidió echar a un lado a "La Pandilla". "Esto fue algo muy duro para mí, ya que me costó demasiados esfuerzos. Me afectó tanto, que mi entonces socio, Joe Rosa, me aconsejó tomar unas vacaciones para que me despejara la mente. Así que me fui a pasear por Europa", expresó el empresario. La Pandilla se disolvió poco tiempo después.

Con posterioridad a esta primera hazaña, se lanzó a un segundo reto, esta vez en Puerto Rico. Este nuevo proyecto, mejor dirigido hacia un público adulto, se llamó "Acquamarina". Esta agrupación compuesta por dos féminas y dos varones, logró representar a Puerto Rico en el reconocido Festival de la OTI. En esta ocasión, interpretaron el tema "Piel dormida" de la autoría del propio Edgardo, lo que marcó el debut de su faceta como compositor. Aquellos de ustedes que hayan tenido la oportunidad de examinar los créditos de los discos de Menudo, se habrán percatado de que muchas canciones que se convertirían en éxitos, aparecen bajo su autoría.

Luego de haber grabado dos discos y al igual que ocurriera con "La Pandilla", por controversias internas, esta agrupación desapareció rápidamente.

Pero, como dice el refrán: "a la tercera va la vencida", un decidido Edgardo Díaz emprendió una nueva "aventura", llamada: **MENUDO**.

Edgardo en sus inicios como empresario.

Edgardo Díaz y su creación: Menudo.

Edgardo Díaz, en 1982.

Edgardo Díaz (1991). Definitivamente, Edgardo no será un genio, pero es genial".

El grupo juvenil La Pandilla en su segunda etapa, reorganizada por Edgardo Díaz.

LA HISTORIA DE UNA REVOLUCIÓN

MENUDO: *Término que significa chico o pequeño.*

"¡Como está el menudo aquí!" Esta, fue la expresión de asombro de la hermana de Edgardo Díaz cuando entró a la casa de éste y encontró un "revolú" de niños audicionando. Así, por pura casualidad, surgió el nombre de lo que llegaría a ser el más grande fenómeno de la música latina.

En 1977 con el nacimiento de Menudo en su residencia en Caguas, Puerto Rico, Edgardo Diaz comenzó a concretar un sueño que albergaba desde su experiencia anterior con el grupo juvenil "La Pandilla". Un sueño que al hacerse realidad, rebazó los límites de toda imaginación para sacudir al mundo del espéctaculo y revolucionar la historia musical.

En el momento en que Menudo sale a la luz pública, el mercado de la juventud experimentaba un total abandono por parte de la industria de la música y el entretenimiento. Los

13

productos musicales se dirigían a una audiencia más adulta. La juventud carecía de ídolos a quienes seguir y con quienes identificarse. Los niños no tenían un modelo a imitar y las chicas no tenían a quien adorar y por quien suspirar. Edgardo, con su buen ojo comercial, identificó este vacío en el mercado y de inmediato lo capitalizó.

La idea de organizar un nuevo conjunto juvenil se estaba gestando desde el 1976, cuando en la Boda de Oro de sus abuelos, Edgardo le comentó sobre el concepto e invitó a formar parte del mismo a sus primos Carlos, Oscar y Ricky Meléndez. A estos tres, se sumaron posteriormente los también hermanos, Nefty y Fernando Salaberry, hijos de un amigo del empresario. De manera, que en sus inicios, Menudo era literalmente una verdadera familia.

Como en aquellos tiempos todo marchaba lento, los cinco jovencitos, cuyas edades fluctuaban entre los 9 y 12 años continuaban los estudios en sus respectivas escuelas y los fines de semana cumplían con sus compromisos promocionales. Más adelante toda la operación se complicaría y requeriría hasta de tutores que viajaran junto a ellos para reponer sus clases. También, sería necesario establecer toda una infraestructura y reglamentación interna.

Luego de seis meses de constantes y sacrificados ensayos, cinco jóvenes: Carlos, Oscar, Ricky, Fernando y Nefty unieron sus voces para desencadenar lo que se convertiría en una verdadera revolución. La primera actuación pública y oficial de Menudo tuvo lugar en el pueblo de Juncos en Puerto Rico, el 25 de noviembre de 1977. En aquella ocasión, estos cinco jovencitos no causaron mayor impacto. Cualquiera hubiese pensado que se trataba de una de tantas agrupaciones o artistas que tuvieron sus "quince minutos de fama". En aquel momento, sin guías ni precedentes y prácticamente sin recursos, el conjunto se encontraba en una etapa experimental.

Como nadie estaba dispuesto a pagar por unos desconocidos, Menudo realizaba sus presentaciones de forma gratuita. Edgardo sabía que para alcanzar el éxito, era fundamental dar a conocer al conjunto. Si el público no iba a donde Menudo porque no los conocía, entonces Menudo iría directamente al público. Recorrieron cada municipio de Puerto Rico y con la colaboración de los alcaldes y el auspicio del comercio local, realizaron presentaciones en las plazas públicas para darse a conocer ante el pueblo puertorriqueño.

A raíz de estas presentaciones, fueron invitados a *El show de Tommy*, un programa de entrevistas y variedades que se transmitía a través del Canal 4 de WAPA-TV. Sin embargo, su primera presentación oficial en la televisión puertorriqueña fue en el programa *Noche de gala* (1979), producido por Paquito Cordero. Este productor se distinguía por darle la primera oportunidad al talento joven y con estos chicos no hizo la excepción. Como veremos más adelante, Paquito sería una pieza clave en el desarrollo inicial de la exitosa carrera del conjunto.

SE ORGANIZA UN IMPERIO

La organización de Menudo estuvo compuesta por un equipo de profesionales visionarios, quienes dedicaron su tiempo y dieron lo mejor de sí para conducir a estos cinco jovencitos por el camino del éxito. Jose Luis Vega, mejor conocido como "Joselo", fue el coreógrafo y tuvo a su cargo la responsabilidad de diseñar y velar por la imagen del quinteto. A estos, se unió René Zayas, quien laboraba como productor de programas infantiles en el canal 7. Por recomendación de un socio de Edgardo, éste comenzó a laborar con el grupo en diversas facetas que iban desde la coordinación de las presentaciones del conjunto, la conceptualización de la mercancía promocional y hasta el diseño de algunas de las cáratulas de sus discos. A cargo de la dirección musical y los arreglos de las canciones estaban Carlos Villa y Alejandro Monroy. El fotógrafo que trabajó las carátulas de los primeros discos e inmortalizó gran parte de sus logros fue Río Hernández. Al pasar de los años y según el conjunto iba adquiriendo nuevos y mayores retos, se requirió de un personal más extenso: asistentes, camarógrafos que documentaban las presentaciones del grupo, diseñadores de vestuario, etc. Fue entonces, cuando entró a la agrupación para colaborar en el entrenamiento vocal y el ámbito musical, Marilyn Pagán, quien poseía una habilidad especial para componer temas y traducir las canciones del quinteto de español a inglés sin trastocar su sentido.

Una de las directrices internas que distinguió a Menudo como organización, fue aquella que dictaba que al cumplir los quince años todo integrante debía abandonar la agrupación para dar paso a otro más joven. En **1979**, **René Farrait** se convertiría en el primer sustituto del grupo al tomar el lugar de Nefty. A renglón seguido, entrarían **Johnny Lozada** y luego **Xavier Serbiá**, (1980) quienes sustituyeron a Carlos y Fernando, respectivamente. Al año siguiente, **1981**, **Miguel "Migue" Cancel** ocupó la posición de Oscar. A diferencia de los que salieron, el más joven del grupo original, Ricky Meléndez, permaneció en el quinteto, pues cualificaba aún por su corta edad. Con esta nueva conformación, se iniciaría la etapa de mayor gloria en la historia del fenómeno Menudo.

En la trayectoria artística de Menudo esta directriz tuvo una importancia mucho mayor que la que de primera instancia podría imaginarse. La regla instituida mantendría al concepto, "siempre joven". Era como si Menudo tuviese en su poder "la fuente de la juventud". Se hacía obvio, que para penetrar en el mercado juvenil, los integrantes debían permanecer tan jóvenes como su público, frescos y con las mismas facultades vocales que poseían a su entrada y que al pasar de los años, por la ley de la vida, podrían cambiar. Sin lugar a dudas, ésta fue una de las claves que contribuirían al éxito de la agrupación ante un público comercialmente inquisitivo como es el de los jóvenes, quienes están en la constante búsqueda de algo refrescante e innovador. Sorprendentemente, esta característica traería como resultado una prolongada longevidad al concepto, que se mantuvo por veinte años consecutivos. Es posible que nunca antes en la historia musical existiera una agrupación, que a pesar de experimentar constantes cambios en sus miembros, sobreviviera por tanto tiempo. Estos cambios eran planificados de manera estratégica y cada nuevo integrante respondía a las necesidades y retos artísticos que iba enfrentando el grupo.

Para pertenecer a Menudo, los aspirantes debían someterse a un riguroso sistema de audiciones o pruebas de talento que se llevaba a cabo en las oficinas de la organización que administraba al quinteto. Cada vez que se acercaba la partida de uno de los integrantes, se iniciaba este complejo proceso. Si para el joven que abandonaba el quinteto y para los miles de fanáticos que habían seguido su trayectoria, esta partida representaba un momento triste, para otros miles que soñaban con formar parte del conjunto juvenil más importante del mundo, surgía la oportunidad ansiada. Así, cientos de niños ilusionados de diversos trasfondos, edades y talentos llegaban a la audición con un mismo sueño, convertirse en un Menudo. Cada jovencito era evaluado en diversas facetas por un jurado compuesto por: Edgardo Díaz, Joselo Vega, René Zayas, en ocasiones por el productor de televisión, Paquito Cordero y posteriormente Marilyn Pagán. Además de talento para el canto y el baile, los aspirantes tenían que demostrar que poseían carisma, desenvoltura escénica, presencia ante las cámaras, un timbre de voz adecuado, fluidez al expresarse y mucha disciplina. En ocasiones, luego de la primera audición, varios jovencitos, quizás diez o veinte pasaban a una segunda evaluación de tipo eliminatoria. Este proceso era arduo y hasta frustrante para los más talentosos. Algunos de los integrantes que alcanzaron mayor reconocimiento entre el público por su talento o carisma, no fueron escogidos en la primera prueba. Por lo contrario, tuvieron que asistir a varias audiciones y eliminatorias o esperar años antes de ser seleccionados. Este sería el caso de Migue, Raymond, Robby y Ricky Martin, entre otros.

Una vez seleccionado, el nuevo integrante atravesaba un proceso de adaptación. La organización lo sometía a un período de evaluación de aproximadamente dos semanas en donde se observaba su trabajo, su integración al conjunto y la química desarrollada con el restro de sus compañeros. Durante este plazo de tiempo, el niño era objeto de un adiestramiento intenso en lo que respecta a escenarios, montaje de las coreografías, viajes y entrevistas. Edgardo y Joselo estudiaban el comportamiento de cada niño que entraba al conjunto para asegurarse de que éste se ajustaba al concepto y a la imagen de Menudo. Porque ante todo, Menudo era la estrella y no el integrante.

Conforme al proceso antes descrito, en sus veinte años de existencia se integraron de manera sucesiva al grupo: Charlie Massó, Ray Reyes, Roy Roselló, Robby Rosa, Ricky Martin, Raymond Acevedo, Sergio González, Ralphy Rodríguez, Rubén Gómez, Angelo García, Robert Avellanet, Rawie Torres, César Abreu, el mexicano Adrián Olivares, Edward Aguilera y el venezolano Jonathan Montenegro. En la última etapa integraron el conjunto: Ashley Ruiz, Alexis Grullón, Andy Blázquez, Abel Talamántez, Ricky López, Anthony Galindo y Adier Hernández. Los integrantes que de una forma u otra contribuyeron a marcar huellas en la historia de Menudo sumaron 33 en total.

La primera foto promocional del quinteto en 1977.
(de izquierda a derecha) Nefty, Carlos, Fernando, Ricky, y Oscar
quienes iniciaron la aventura.

Los integrantes originales de Menudo (en la parte posterior de
izquierda a derecha) Carlos, Fernando, Oscar y Nefty, al centro,
Ricky Meléndez.

En su etapa inicial, los integrantes reflejaban la inocencia característica de su juventud. Al pasar de los años esta imagen cambiaría radicalmente para dirigirse a un público juvenil más maduro.

En sus inicios, Menudo utilizaba escenografías relativamente sencillas en sus presentaciones.

EL PRIMER GRAN PASO

Para un intérprete musical, la grabación de un disco constituye un elemento imprescindible para darse a conocer y poder triunfar en el mundo de la canción y el espectáculo. Pero más importante que grabar un disco, es contar con el apoyo de una empresa discográfica que con su infraestructura operacional se ocupe de producir, promover y distribuir el producto musical en los distintos mercados. Sin embargo, para Menudo no sería fácil convencer a los ejecutivos de una casa discográfica multinacional de que firmaran a una agrupación de jovencitos, sin existir precedente alguno sobre el éxito de un proyecto latino similar a éste.

En el momento histórico en que Menudo surge como concepto joven, la realidad del mercado de la música y el entretenimiento hispano estaba dirigida a un público maduro. Los artistas de moda eran también adultos. No existía un producto dirigido exclusivamente a las jovencitas, caracterizadas por mantener una asombrosa fidelidad por lo que les agrada. Estas, carecían de un ídolo con quien identificarse. Lo más cercano al proyecto de Menudo era un grupo llamado Parchis, pero dirigido a un público más infantil.

Por lo tanto, los ejecutivos de las compañías discográficas, muchos de los cuales se distinguen por poseer mentes conservadoras, no iban a arriesgar la fórmula que a su entender estaba funcionando por un simple experimento. Estaban reacios al cambio. Después de todo, así habían sido exitosos. ¿Por qué arriesgarse a cambiar la fórmula? Sencillamente, para una compañía discográfica hubiese sido una locura emprender esta aventura. Pero, siempre existen los arriesgados. Y como "de riesgos se trata la vida", Edgardo decidió asumirlos.

En **1977**, Edgardo utilizó sus escasos recursos y los invirtió en la producción del primer álbum del grupo con el título de **Menudo**, bajo su propio sello discográfico que llamó, **Padosa Inc.**. Este nombre surge como producto de la combinación de la primera sílaba del apodo de su madre "**Pa**nchi", la última sílaba del suyo, Edgar**do** y también la última de un socio inversionista poco conocido, el señor Joe Ro**sa**. Por cierto, a Doña Panchi debe adjudicársele mucho más crédito del que se le ha reconocido. Esta señora jugó un papel importantísimo en la administración y toma de decisiones relacionadas con el quinteto. Inclusive, personas que han laborado dentro del equipo de trabajo de Menudo afirman que "la que manda es Doña Panchi".

En relación al señor Rosa, como indicáramos es poco lo que se conoce sobre este caballero. Se dice que en la creación de Padosa fue el inversionista principal. Rosa era propietario de una agencia de viajes, para la cual el grupo en su etapa inicial realizó una grabación ("jingle") utilizada en un anuncio radiofónico. La relación de este empresario con la familia de Edgardo existía desde hacía varios años atrás, ya que Doña Panchi mantenía un arreglo comercial con la agencia para trasladar grupos de estudiantes que viajaban en programas de intercambio a España.

La producción de un disco no es obra sencilla. Este proceso se caracteriza por una sucesión progresiva de arduas y complicadas tareas. Desde la identificación y selección de los temas hasta el trasnochar semanas enteras en un estudio de grabación para preparar la orquestación y "ponerle voz" a la música. Esta etapa, es quizás luego del escogido de los temas, la más tediosa del proceso. Son horas interminables cantando la misma estrofa una y otra vez, hasta que se alcance el ritmo, tempo, la entonación, afinación e interpretación precisas. De inmediato, se pasa a mezclar la voz con la música, velando por el sonido de los instrumentos que deben prevalecer para obtener el "color" exacto y así alcanzar el sonido esperado, según éste fue conceptualizado por el productor. Luego ocurre la "masterización". Esto es el proceso por el cual se ecualiza, digitaliza y se refina el sonido para preservar el trabajo final que irá a la imprenta para su reproducción.

De forma simultánea, se lleva a cabo la sesión fotográfica para luego escoger las fotos que se utilizarán en la carátula del disco, según el título o concepto del mismo que se suministrará a los medios durante la promoción. Luego de seleccionadas, las fotos se envían a un artista gráfico para que diseñe el arte de la carátula. El arte final, junto a las cintas grabadas se envía a las respectivas compañías que reproducirán cada disco y su carátula. Una vez finalizado este proceso, las copias del elepé se entregan a las distribuidoras de discos, quienes se ocuparán de distribuirlas y de hacerlas llegar a cada tienda para su venta al consumidor.

Todo esto describe el modo en que se opera hoy día en la industria del disco. Sin embargo, en el caso particular de Menudo, este proceso se realizaba en un momento en que la magia maravillosa de las computadoras y la tecnología no se habían difundido en la industria, por lo cual se dilataba aún más. Cuando comprendemos este método enrevesado, no es difícil imaginar por todo lo que el creador del grupo atravesó. Si pudo llegar hasta aquí solo, no había dudas de que el resto del camino también lo recorrería.

A pesar de lo admirable que fue la iniciativa tomada por Edgardo para producir el primer disco del quinteto en **1977**, cuando la analizamos en términos de su impacto en el mercado, encontramos que su trascendencia inmediata fue limitada. De los temas incluídos en éste, sólo se escuchó tímidamente la selección **Los fantasmas**.

Aunque esta primera experiencia discográfica de Menudo no fue del todo exitosa, sí sembró una semilla fértil que más adelante produciría una gran cosecha de éxitos. En **1978**, con los mismos integrantes que participaron en la primera producción, se realizó una segunda, a la que también se le llamó **Menudo**. En esta ocasión, el éxito alcanzado fue mayor.

LA MENUDITIS SE PROPAGA

Como mencionáramos, su nacimiento y sus primeras andadas ocurrieron en Puerto Rico. Sin embargo, Menudo realmente estalla como fenómeno musical, fuera de esta Isla. Una vez más se hace cierto el refrán popular: "nadie es profeta en su propia tierra". En **1979**, Ricky, René, Carlos, Oscar y Fernando llegan a **Venezuela**. Esta plaza marcó el inicio de la internacionalización de Menudo. El grupo llegó a realizar más de doce visitas de tipo promocional a este mercado sin recibir remuneración alguna, tan sólo el pago de sus gastos. Como resultado de éste y otros esfuerzos al año siguiente, 1980 y con la llegada de Johnny Lozada, Miguel Cancel y Xavier Serbiá, el grupo logra afincar en esta tierra que los abrazaría para siempre.

Venezuela como plaza, se ha distinguido por abrirle paso al talento joven. El público de este país suramericano es sumamente receptivo con los artistas extranjeros y con cariño los incorpora como suyos. Pero Venezuela, resulta además importante como plaza, por el alcance que sus medios de comunicación tienen en los países cercanos, lo que permite que los acontecimientos artísticos se difundan más allá de sus fronteras territoriales. Este hecho, convierte a la "Tierra de Bolívar" en una plataforma de exposición para el talento joven. No es un accidente entonces, que las compañías discográficas y muchos artistas puertorriqueños en la etapa inicial de sus carreras, utilicen a Venezuela como "trampolín" para incursionar en el mercado internacional. Chayanne, Jerry Rivera, La India, Ednita Nazario y Gilberto Santarrosa son algunas de las estrellas puertorriqueñas para quienes esta estrategia de mercadeo ha rendido frutos extraordinarios. Uno de los casos más evidentes fue el de Proyecto M, una agrupación compuesta por tres ex-menudos: René, Johnny, Xavier y luego Ray Reyes, quienes en este hermano país lograron alcanzar sus mayores éxitos.

En su trayectoria pausada, pero de continuo ascenso, Menudo lanza su tercera producción discográfica. El sencillo **Chiquitita**, una versión de un antiguo éxito musical de la agrupación sueca "Abba", se convierte en un verdadero "hit" y los catapulta a la fama de forma dramática en el mercado venezolano. El quinteto pasa a ser la sensación del momento. En 1980, establece un récord de asistencia en el reconocido estadio **El Poliedro** de la ciudad de Caracas, ante un público frenético y enardecido que superaba los 11,000 espectadores.

A pesar de la velocidad con que la "menuditis" se propagaba por toda Venezuela, **Perú** le tomó la delantera. Fue allí, donde ocurrió la primera puesta en escena de Menudo. El **Coliseo Amauta** fue la plaza pionera donde los jóvenes se presentaron en concierto. Quince mil espectadores abarrotaron el estadio. El diagnóstico fue definitivo. La "menuditis" había alcanzado dimensiones contagiosas. Este fenómeno podría atribuirse a varios factores. En primer lugar, el impacto y repercusión de los medios de comunicación de Venezuela en el mercado peruano provocó la difusión inmediata de su música e imagen en los medios locales de este país. De otro lado, la agresividad de los empresarios y productores peruanos, generó tal expectación, que provocó una verdadera explosión en el público. No es casualidad entonces, que este mercado se convirtiera en uno de los más fieles y leales para el quinteto en su trayectoria.

Mientras Latinoamérica sucumbía ante el movimiento avasallador de Menudo, la situación y la suerte del grupo en su país de origen era distinta. No fue hasta 1980, cuando finalmente la "menuditis" se apoderó de Puerto Rico. El estallido definitivo provino como resultado del inicio de un novedoso programa de televisión con el nombre de **La gente joven de Menudo**. Esta oportunidad que el productor puertorriqueño Paquito Cordero les brindó a los cinco jovencitos fue una herramienta extraordinaria de relaciones públicas y promoción para el grupo. Servía de excusa para que los jóvenes interpretaran sus canciones y éstas se grabaran en la mente de una fanaticada incipiente, pero prometedora. Los propios integrantes fungían como presentadores del programa y compartían el escenario con artistas invitados. El programa también incluía segmentos de comedia en los que los jóvenes caracterizaban personajes y hacían despliegue de sus talentos histriónicos. También tenía juegos en los que participaban sus fanáticas y hasta las cápsulas, "Notimenudo", una sección de noticias sobre los éxitos del conjunto, que le brindaba al público la oportunidad de conocer a los integrantes y sus logros, además de servir para desarrollar su imagen y crear un culto hacia sus personas.

Por espacio de ocho años, "La gente joven de Menudo" se transmitiría todos los sábados en horario de 6:00 a 6:30 p.m., a través del Canal 2 de Telemundo en San Juan, Puerto Rico con la presencia de las fanáticas en el estudio. Artistas puertorriqueños como: Nydia Caro, Chucho Avellanet y Ednita Nazario tenían sus propios programas. A pesar del extraordinario talento de estas figuras, el éxito y trascendencia alcanzada por sus programas televisivos, de ningún modo compara con el de "La gente joven de Menudo", posteriormente llamado "Menudomanía". Tan popular e impactante fue este programa entre la cada vez más numerosa fanaticada de los jóvenes, que el mismo fue transmitido en cuatro países e incluso traducido a tres idiomas diferentes: español, inglés y portugués.

La carrera del grupo continuó su vertiginoso ascenso. En **1980**, grabaron dos nuevos discos, uno de ellos con motivos navideños. Los títulos de estas producciones discográficas fueron: **Más, mucho, más** y **Menudo, es**

Navidad. Estos discos, al igual que otras producciones del grupo, no se distinguían precisamente por la calidad de su contenido musical. Incluso, para atender este último aspecto, los coros de las canciones incluidas en los diferentes discos eran reforzados vocalmente con las voces de coristas profesionales y su profesora de canto, Marilyn Pagán. Sin embargo, cumplían un propósito importante en la estrategia del grupo por conquistar nuevos mercados. Todos tenían ciertos elementos en común: contaban con canciones sencillas y acarameladas, de temas juveniles y estribillos pegajosos que apelaban al sector juvenil que como indicáramos anteriormente, hasta ese entonces había sido totalmente ignorado.

En **1981** el impacto del grupo fue aun mayor. Dos nuevas producciones discográficas se lanzaron al mercado. En la primera de ellas, bajo el título de **Menudo**, sobresalió el sencillo **Fuego**, interpretado por René. Este tema había sido grabado anteriormente por otro artista de nombre Samuel. Sin embargo, es Menudo quien lo convierte en éxito cuando llegó a escalar la posición estelar (**#1**) en el **Hit Parade** de **México**. Este logro le permitió al conjunto conquistar nuevos horizontes. Tan popular fue esta interpretación que llevó al grupo a obtener su primer **Disco de Oro**. Por cierto, el éxito de esta canción, así como el de *Quiero ser* y *Súbete a mi moto* (del álbum *Rock chiquillo*), todas ellas interpretadas por René, le añadieron una nueva dimensión al grupo, que hasta ese momento no había tenido. La fiebre que propagaba el quinteto se extendía dondequiera que se presentaba.

La presencia en la agrupación de René Farrait tuvo un papel fundamental en el despunte internacional de Menudo. A pesar de sus limitados recursos vocales, René era alto, físicamente atractivo, carismático y con imagen propia. Todos estos elementos lo distinguen como uno de los más recordados integrantes que cruzó por el quinteto. Ante las miles de jovencitas que con fervor seguían cada paso del grupo, René proyectaba una sensualidad que las hacía suspirar con cada movimiento y gesto que realizaba. Menudo había dejado de ser un grupo de niños inocentes. Ahora, se trataba de un conjunto de adolecentes, que interpretaban temas románticos, y que al así hacerlo, se convertían en el sueño de amor de muchas jovencitas, que no sólo vivían al ritmo de su música, sino que en sus mentes albergaban la ilusión de que algún día, en algún momento, podrían tocar y estar cerca de alguno de sus ídolos. La fama adquirida por René en el grupo, haría posible su posterior lanzamiento como solista, aunque en esta ocasión no alcanzaría la consagración deseada.

Con el pasar de los años, todo tipo de integrante alternaría en el conjunto. Algunos poseían mayores habilidades artísticas y otros, conscientes de que el talento no lo es todo, explotaban su carisma, simpatía y presencia física, o ganaban el favor del público por poseer eso que llamamos en la industria, "ángel". Lo importante es que los productores del grupo conocían tales limitaciones y supieron cómo minimizarlas y potenciar los recursos y virtudes de cada uno de los integrantes. Con este objetivo en mente, cada canción se diseñó a imagen y semejanza del chico que la interpretaría.

El amor de Suramérica por el quinteto alcanzó nuevas proporciones como resultado de su séptimo álbum **Rock chiquillo** (1981) y de la exitosa miniserie **Quiero ser**, producida en Venezuela por Radio Caracas (Canal 2). Esta miniserie de quince capítulos, fue parte de la estrategia para acaparar la atención de los venezolanos. Filmada con elenco de este país, la misma fue trascendental en su carrera, pues su tema central, *Quiero ser*, cantado por René, fue un "hit" que se colocó en las primeras posiciones de las listas de

Menudo en el programa Noche de Gala del Canal 2 de Puerto Rico.

Los jovencitos en el
Aeropuerto de Buenos
Aires, Argentina, tras
un viaje promocional.

Johnny recibe su diploma de graduación en la escuela donde cursaba sus estudios durante los inicios de su estadía en Menudo. Posteriormente, la fama obligaría a los cinco niños a abandonar sus escuelas y recibir lecciones por parte de tutores que los acompañaban hasta en los viajes.

Los constantes compromisos artísticos y el asedio de las fanáticas obligaron a los integrantes de la agrupación a cursar sus estudios con tutores particulares.

Ricky, Charlie y Miguel mientras estudiaban.

Durante uno de los pocos recesos, los jovencitos disfrutaban de un buen plato de comida criolla.

Como parte de su
rutina de trabajo, los
niños tomaban clases
de canto para mejorar
sus capacidades
vocales.

Xavier junto a Doña
Panchi, la señora
madre de Edgardo
Díaz.

Las oficinas de Padosa
estaban localizadas en
el área de Hato Rey en
Puerto Rico.
La palabra Padosa
surge al combinar la
primera sílaba del
apodo de la madre de
Edgardo, Doña
Panchi, la última
sílaba del suyo,
Edgar**do** y también la
última del apellido de
un socio de éste el Sr.
Joe Ro**sa**.

La disciplina era lo más importante. Pasaban horas frente al espejo ensayando las coreografías creadas por José Luis "Joselo" Vega.

éxitos en la radio venezolana. A finales de octubre, regresaron a Perú, donde varios días después del estreno de la mencionada miniserie, se consagraron ante un público que sobrepasó las 25 mil personas en el **Estadio Nacional de Lima**. Esta asistencia superó la alcanzada en el concierto anterior en 1980. Radio Caracas Televisión transmitió en vivo el acontecimiento. Era la primera vez que este importante canal cubría un evento de tal naturaleza por parte de un artista extranjero, pues hasta ese entonces, sólo realizaban transmisiones vía satélite de eventos deportivos o espectáculos con figuras venezolanas. Menudo fue el primer extranjero en conseguir tal despliegue por parte de este poderoso canal venezolano.

Perú no se quedó atrás. La euforia se apoderó de la "Tierra inca" hasta el punto de que la canción *Quiero ser*, tema central de la miniserie con igual nombre, se convirtió en el primer sencillo de la agrupación en ocupar la codiciada posición número uno en las listas de éxitos radiales ("Hit Parade") de este país. Perú, junto con México, serían los países que con mayores galardones honrarían a nuestros compatriotas durante su trayectoria.

El avance de la "menuditis" no se detuvo en el 1981. Dos nuevos elepés se grabaron ese año. Pero, tal vez más significativo, resulta el hecho de que para esta época comienza la diversificación de Menudo. Un juego de mesa, con el nombre de **Menudo Karshow Game** se introdujo al mercado. Figuras de cada uno de los integrantes fueron puestas a la venta, además de una surtida variedad de mercancía promocional ("merchandising") jamás superada, tales como relojes, bultos, mahones, libretas, globos, toallas y hasta goma de mascar. Muchos artistas y figuras públicas poseen camisetas, afiches, fotos y quizás un muñeco. Pero nadie, ni siquiera las leyendas de Hollywood más conocidas han tenido la marcada variedad de artículos promocionales que tuvo Menudo. Sólo les faltó una estampa conmemorativa del servicio postal norteamericano. Bueno, después de todo, si Elvis, Marilyn Monroe y hasta Bugs Bunny han tenido una, ¿por qué no hacer lo propio con Menudo para conmemorar sus 20 años?

Mientras para el mundo eran "Los embajadores de la juventud", para sus administradores, Menudo se transformó en un producto comercial. Como a todo producto se le mercadeó y vendió. El público de jovencitas se caracteriza por ser sumamente consuntivo en lo concerniente a productos y derivados de sus ídolos. Estas compran todo lo que está de moda o represente a sus artistas. La oportunidad era extraordinaria y en extremo prometedora desde el punto de vista económico. La mente visionaria y comercial de los empresarios no la desaprovechó. Todo lo que pudiese llevar el nombre de Menudo y ser atractivo a las chicas, fue bienvenido y por supuesto vendido.

En noviembre de 1981, procedentes de Venezuela, visitan por primera vez **Colombia y Ecuador** como parte de un plan promocional. El uso y costumbre en el negocio de la música es que cuando el éxito de un producto supera las expectativas de venta y aceptación popular en un mercado determinado, de inmediato se considera la opción de aprovechar la ola de popularidad generada, para extenderla a territorios adyacentes. En casos como el de Menudo, en donde no se contaba con el respaldo de un sello disquero multinacional, como primer paso en esta agenda, se identifican los prospectos potenciales, tales como compañías distribuidoras de discos, promotores, productores y empresarios para entablar con estos una relación comercial. Luego, se entra en negociación directa con ellos para que hagan del proyecto su producto, garanticen la penetración de éste en el mercado y laboren en conjunto para obtener el favor del público. Para Menudo, varias compañías ubicadas en determinados territorios y que gozaban de gran poder en sus repectivos países, fueron determinantes en la prenetración de los mercados internacionales. Ejemplo de esto, fue el impacto que tuvo la relación con las compañías *Sonográfica* en Venezuela, *Discos Melody* (*Cisne RAFF*), propiedad de *Televisa* en México, *Panamericana de televisión* en el mercado de Perú y *Sonolux* en Colombia, entre otras.

SE INICIA LA REVOLUCION

Cuando ya el mundo los conocía por su nombre, el sueño de llegar triunfantes a su tierra por fin se hizo realidad. En **1982**, Ricky, Johnny, Miguel, Xavier y el recién llegado, **Charlie Massó**, debutan en la más importante de las salas de Puerto Rico, el Centro de Bellas Artes en San Juan. Como buenos empresarios, de un supuesto problema, la administración de Menudo creó otra oportunidad comercial. La salida de René Farrait del grupo, uno de los integrantes más aclamados en su historia, fue transformada en un verdadero evento publicitario. Su despedida se utilizó como tema o gancho de los conciertos y con las canciones del nuevo álbum titulado **Es por amor**, el éxito, una vez más quedó garantizado. Es precisamente en Bellas Artes en donde posteriormente establecerían el récord de mayor cantidad de funciones realizadas por una agrupación. Este logro les mereció titulares y reportajes especiales en los principales medios de comunicación de Puerto Rico.

Para estas presentaciones el grupo estrenó un vestuario ceñido al cuerpo, de colores brillantes y llamativos que causó sensación por lo sensual y vanguardista. El mismo fue objeto de varios reportajes en los periódicos nacionales e internacionales. Sin imaginarlo, se convirtieron en precursores de la moda y establecieron un nuevo estilo de vestir. Estos atuendos novedosos impusieron la moda entre las jovencitas de la época, quienes trataban de imitarlos en todo. Uno de los responsables de la imagen del quinteto, fue José Luis "Joselo" Vega, quien también fungía como su coreógrafo. Como indicamos anteriormente, Joselo fue determinate para Menudo en sus etapas más fructíferas al desarrollar y cuidar la imagen del conjunto.

Según explicó Edgardo Díaz, el vestuario peculiar de Menudo surgió de pura casualidad, ya que al momento de comprar las telas para los diseños no se logró conseguir el estilo que se había visualizado. Entonces, encontraron un textil con brillo y decidieron aventurarse. Cuando salieron a escena sorprendieron a todos con la ropa, ya que resultaba un poco atrevida para el ojo de la prensa. A la gran mayoría del público le gustó y ese fue el golpe de suerte. Al igual que las estrellas internacionales, vestían sin miedo al que dirán. Esto sentó un precedente para la industria artística local y distinguiría a la agrupación entre todos los artistas. Muy pronto, hasta sus fanáticas vestirían con atuendos similares a los que usaban los jovencitos. Curiosamente, según confesó el propio Edgardo, para ese entonces, en Venezuela no utilizaron este vestuario para evitar problemas y críticas.

No sólo su vestuario fue imitado. De la noche a la mañana, casi como "por arte de magia", comenzaron a surgir un sinfín de agrupaciones juveniles en Puerto Rico y eventualmente, en otros mercados. Con la esperanza de correr con la misma suerte de Menudo, varios empresarios puertorriqueños se las ingeniaron para crear diversos proyectos tales como: *Concepto juvenil, Fórmula mágica, Los chicos, Los chikles, Las fresitas, Karisma* y hasta unos de nombre *Pekes* (1983) y *Pibes* (1985). En Venezuela nace *Unicornio* y un poco más afortunados, *Los chamos*, quienes contaron con cierto grado de popularidad entre la fanaticada venezolana. En México surgió un sexteto que eventualmente tendría cierto arraigo: *Timbiriche*, integrado por hijos e hijas de reconocidos artistas y empresarios mexicanos relacionados a Televisa, el más poderoso conglomerado de medios de Latinoamérica. Ninguno de estos intentos progresaría por completo y muchos de ellos resultaron fallidos desde sus inicios. La razón: Menudo era Menudo, los demás eran precisamente eso, los demás. Los primeros tenían la "magia", los segundos, NO.

No obstante, es justo reconocer y acreditar ciertos galardones a *Los chicos*, el cuarteto boricua que brindó la primera oportunidad a quien eventualmente se convertiría por mérito propio en todo un ídolo, Chayanne. Esta agrupación, creada por el empresario Carlos Alfonso, obtuvo logros significativos en aquellas plazas que Menudo, por sus múltiples compromisos no podía atender, tales como la República Dominicana y algunos mercados de Estados Unidos y Latinoamérica. *Los chicos* llegaron a tener su propio programa en el Canal 4 de WAPA T.V. y hasta filmaron una película. Lamentablemente, en su momento de mayor gloria y previo a una importante gira internacional, el ahora productor Angelo Medina, quien fungía en calidad de promotor de la agrupación, motivó su rompimiento. ¿La verdad? Pregúntensela a Angelo. Esto de por sí, sería tema para otro libro.

El impacto de Menudo fue tan significativo, que hasta en los Estados Unidos copiaron la fórmula, para lanzar varias versiones anglosajonas de la agrupación, entre las que se destacó el conjunto *New Kids On The Block* a principio de los 90. El surgimiento de este último, a raíz del distanciamiento del quinteto boricua de esta plaza, debe ser motivo de orgullo para Menudo, pues dramatiza la extensión del éxito alcanzado por la agrupación al penetrar el difícil mercado norteamericano, que anteriormente sólo había logrado conquistar como cantante puertorriqueño de renombre internacional, José Feliciano.

La experiencia en **México** no fue menos impresionante. Cuando Menudo tocó suelo azteca en 1982, fue como si un objeto volador no identificado (OVNI) hubiera conmocionado al país con su llegada. Menudo alteró de manera permanente la industria del entretenimiento en México. Nunca volvería a ser igual. En un país donde los artistas de mayor apogeo contaban con una larga trayectoria y profesionalismo como: Juan Gabriel, José José, Emmanuel y Lupita D'Alessio, entre otros; era difícil pensar que cinco jovencitos puertorriqueños que recién hacían sus pinitos en la música, lograrían obtener tal acogida por parte del público mexicano. Los empresarios y las compañías discográficas con sus mentes tradicionalistas dirigían sus productos al público adulto, por entender que era éste quien tenía mayor poder decisivo y adquisitivo. Además, no podemos omitir el factor de encontrarnos ante un país sumamente nacionalista, orgulloso de lo suyo, de ser mexicano y poseedor de un gran sentido patriótico.

Finalmente, el "rock", género que interpretaba el conjunto, era considerado por muchos en este país como una música satánica que se relacionaba a las drogas y al escándalo, entre otras connotaciones negativas. A todos estos factores, Menudo se enfrentó y resultó airoso. México no pudo evadir la "menuditis" y sucumbió ante ella. La industria del entretenimiento tomó un nuevo y revolucionario giro. Los empresarios del negocio se vieron obligados a seguir la corriente que se desataba a su derredor. Cinco jóvenes les habían enseñado sobre el negocio más de lo que ellos habían aprendido en sus largas y triunfantes carreras.

En México, Menudo también revolucionó la industria de la producción de espectáculos. Sus presentaciones masivas requerían de un sofisticado y potente equipo de sonido y luces que pudiera operarse en estadios y cumplir con los requisitos de calidad que la agrupación exigía para ofrecer sus espectáculos. En aquel momento, en México no existían tales condiciones para satisfacer las necesidades del quinteto. Edgardo impuso como condición a los empresarios que realizarían la primera gira del grupo en este país, el cumplimiento de estas especificaciones de producción. Luego de muchos esfuerzos, el mejor equipo de sonido y luces de todo México tuvo que ser rentado y preparado para realizar un evento dentro de las instalaciones de un estadio, lo que de por sí era cosa aparte.

El mercado mexicano les honraría con todos y cada uno de los premios que se le pudieran otorgar a un artista, desde *El Heraldo* hasta el *Aguila de América*. La cadena de emisoras Radiópolis en la Ciudad de México emprendió el primer programa radial exclusivo de Menudo, **La hora menuda**. Durante el mismo, su creador José Manuel Gómez Padilla, ganador del Premio Nacional de Periodismo en 1980, difundía los temas discográficos e informaba a las fanáticas sobre los acontecimientos más recientes en la carrera de la agrupación. Este programa fue "al aire" todas las tardes de lunes a viernes, por espacio de tres años (1982-85). El ascenso continuo del grupo en este mercado culminaría con el establecimiento de un récord de asistencia en el Estadio Azteca.

Como mencionáramos anteriormente, la cadena de medios más poderosa de México y Latinoamérica, Televisa, creó un clon del conjunto. Con la variante de añadir chicas al concepto, surge la *Banda Timbiriche* y en un futuro, *Garibaldi*. Así, continuaron sumándose artistas enfocados a la juventud. "Hoy puede decirse, sin temor a exageración alguna, que desde Luis Miguel, Yuri, Lucero y Thalía hasta Cristian Castro, Flavio César, Fey, y toda esa pléyade de grupos pop, integrados por "chavitos" son "hijos artísticos" de Menudo", como muy bien apuntara el periodista Miguel López, para la revista Artistas de Puerto Rico. Curiosamente, en Puerto Rico, éste no fue el efecto, pues no han surgido con igual éxito cantantes ni grupos juveniles de trascendencia similar, con la honrosa excepción del ex-menudo Ricky Martin y de Chayanne.

En Venezuela, el conjunto se adentró en una faceta totalmente distinta al incursionar por primera vez en el séptimo arte con el largometraje **Menudo, la película**. Esta película de corte similar a la de "Hard Day's Night" de Los Beatles, giraba en torno a las experiencias del grupo en sus giras, conciertos y en su intimidad. En modo alguno se trataba de una producción ambiciosa. Con un tema simple, sin hacer uso de un guión rebuscado, ni de técnicas sofisticadas de fotografía o producción, tenía un sólo objetivo que cumplía a cabalidad: proyectar la imagen del grupo, promover sus canciones y aumentar las ganancias que estos generaban.

Además de la película, en Venezuela, Menudo también realizó con gran éxito la novela **Es por amor**. Ambos proyectos se exhibieron en varios países. Como si fuera poco, su popularidad provocó la publicación de la primera revista dedicada exclusivamente a la agrupación: **Menudencias**. Esta revista, editada por Publicaciones Seleven, sería la primera de muchas otras revistas de este corte que surgirían en Latinoamérica.

El 1982, fue el año de la consagración definitiva. Quien no recuerde **Una aventura llamada Menudo** y el tema *A volar*, sencillamente no vivía en el Planeta Tierra. Esta película, la segunda del grupo, fue realizada totalmente en Puerto Rico. La misma marcó un hito en la historia del cine en Puerto Rico, pues se convirtió en una de las producciones cinematográfica de mayor éxito en taquilla, que rompió también marcas de asistencia en los cines de Latinoamérica y en los teatros latinos de la ciudad de Nueva York. La producción de esta cinta cinematográfica estuvo a cargo de Paquito Cordero y el propio Edgardo Díaz, con un guión escrito por René Zayas. Fue dirigida por el ahora productor de televisión Gabriel Suau. La cinta tuvo como escenario principal el centro vacacional Palmas del Mar en la ciudad de Humacao, Puerto Rico e intervino como actriz principal Gladys Rodríguez. Esta, posteriormente protagonizó *Lo que le pasó a Santiago*, la primera película puertorriqueña nominada para el *Premio Oscar* de la Academia Cinematográfica Norteamericana.

Como si fuera poco, ya para esta época se estaba gestando la compra de un avión privado por la empresa propietaria del quinteto, evento que se convertiría en uno de los sucesos más comentados del año. Este avión privado le añadió reputación a la imagen del grupo y lo incorporó al exclusivo círculo de figuras que poseían su propio jet. Menudo era ahora todo una empresa comercial con imagen corporativa y aparentemente se manejaba como tal. Pero, a pesar de toda la pompa que precedió su adquisición, este avión de hélice, ocasionó uno de los sustos más dramáticos experimentado por la organización, al escenificar un aterrizaje forzoso en la Isla de Vieques, municipio de Puerto Rico. Se comentó que al momento de esta desgracia se encontraban a bordo algunos de los integrantes y parte de su equipo de trabajo. Sin embargo, no fue mucho lo que la prensa pudo descubrir sobre este asunto, pues toda la información se manejó con una hábil discreción. En tiempo récord, la administración del quinteto se ocupó de plasmar el nombre de Menudo por ambos lados en una segunda nave aérea. En esta ocasión adquirirían en México un modelo aun más grande, a un costo ascendente a un millón doscientos mil dólares ($1,200,000).

En 1982, otro precedente histórico se registró con el primer evento masivo de naturaleza artística, realizado por un grupo puertorriqueño en el **Estadio Hiram Birthorn** de San Juan, Puerto Rico. Este estadio es el local de mayor capacidad de acomodo que existe en la Isla y hasta ese entonces se utilizaba principalmente para la celebración de eventos deportivos y actividades políticas de alta concentración de público. Sólo artistas extranjeros de la embergadura del británico Tom Jones en 1971, habían escenificado un evento similar en esta plaza. Este cobró la astronómica suma para aquel entonces, de 100 mil dólares. Otras de las figuras extranjeras que realizaron espectáculos artísticos en este escenario también para 1971 lo fueron el cantante español Raphael, el ídolo argentino, Sandro y el mexicano Marco Antonio Muñiz en un especial navideño junto a nuestra Lucecita Benítez.

Una marca adicional se sumaría a la lista, cuando como parte de la celebración del tradicional Día de Reyes en Puerto Rico, el conjunto presentó su espectáculo en cuatro plazas diferentes en un mismo día. Comenzaron en la mañana con un concierto en la ciudad de Caguas, continuaron la gira en San Juan, luego en la tarde se presentaron en Mayagüez y culminaron por la noche en el municipio de Ponce. Esta hazaña volvería a repetirse a principios de los 90 por el cantante venezolano Ricardo Montaner y la boricua Yolandita Monge en un acontecimiento que se denominó como "El suceso".

De regreso a México en **1983**, con cada nueva presentación, Menudo establecía récords de asistencia de dimensiones hasta ese momento inimaginables. 90 mil personas abarrotaron en dos conciertos, la Plaza de Toros. Diez días más tarde, 105 mil fanáticos los aclamaron como los ídolos indiscutibles de la juventud latinoamericana en un concierto efectuado en el importantísimo **Estadio Azteca de Ciudad México**. Esta hazaña fue bautizada por el conductor del programa mexicano, *Siempre en domingo*, Raúl Velasco, como "el día en que el Estadio Azteca cantó". El ritmo contagioso del grupo se extendió por todo el territorio nacional mexicano y se apoderó también de la ciudad de Monterrey, donde 65 mil espectadores los recibieron como héroes.

Como es de suponer, México se transformó en una de sus plazas más importantes. Su población, que actualmente sobrepasa los 93 millones de habitantes, constituye obviamente un mercado en extremo poderoso e influyente y ubica a esta tierra en una posición privilegiada sobre otros países latinos para el comercio y en particular para la industria del entretenimiento. La huella que Menudo marcó en México fue tan profunda que aún quince años después, el público mexicano guarda un respeto profundo por el grupo. Tan es así que hoy, cuando llegas a México y te identificas como puertorriqueño, te preguntan a cerca de Menudo.

Si Venezuela, Perú y México sucumbieron ante el encanto de los cinco jóvenes boricuas, **Colombia** no fue la excepción. El legendario tema **Súbete a mi moto** fue tan popular en este último país, que para el año de **1983**, se elevaron las ventas de motoras y se pusieron de moda entre todas las jovencitas. Toda joven tenía que poseer una motora. En marzo de ese año, Menudo visitó a Colombia como parte de su primera gira de presentaciones. Durante 1983, también visitaron el país: el Papa Juan Pablo II, Julio Iglesias, José Luis Rodríguez y los miembros de la Selección Argentina de Fútbol. Sin embargo, todos estos quedaron relegados a un segundo plano y fueron opacados por la presencia absorbente de los boricuas. Increíblemente, por todo el país se colocaron letreros que leían: "¡Ver a Menudo y después morir!".

A partir de 1983, los logros y sucesos son incontables, tanto a nivel local como internacional. Aquellas compañías multinacionales que no tuvieron la visión de emprender esta aventura que Edgardo tuvo el arrojo de tomar, ahora morían por comer del pastel. Con una posición de negociación envidiable para cualquier artista, Menudo logró firmar un contrato millonario con la compañía discográfica internacional **RCA**. Los términos de este contrato fueron en extremo favorables y muy singulares para un artista latino en estos tiempos. Curiosamente, el principal ejecutivo que estuvo a cargo de la compañía en el momento de esta negociación, fue el señor José Menéndez, quien años más tarde murió asesinado por sus propios hijos en lo que fue denominado por la prensa estadounidense como el "Caso de los hermanos Menéndez".

El valor total del contrato estuvo alrededor de los 12 millones de dólares. Nada mal, para un concepto hispano con apenas cinco años de vida. Para colocar esto en su justa perspectiva, tomemos como ejemplo uno de los contratos más jugosos que se ha otorgado a un artista latino en los últimos años. Este es el caso del ex-menudo Ricky Martin, ahora convertido en todo un ídolo, quien recién cerró un contrato con la compañía discográfica Sony por un total de 10 millones. Esta compensación económica compromete al artista a producir tres discos, el primero de los cuales se escucha actualmente en la radio alrededor del mundo.

La cifra otorgada por un contrato no se recibe necesariamente en su totalidad por el artista al momento de firmar. En la industria discográfica, es uso y costumbre adjudicarle un valor total a la inversión que la compañía disquera aportará a el artista. Esta se basa en el término de duración o cantidad de opciones (es decir, la cantidad de discos que grabará el artista) según lo acordado en el contrato. O sea, Menudo necesariamente no recibió esta cantidad total en efectivo, pero sí, una buena partida de ésta en adelantos y regalías. El sobrante sería la inversión para las producciones y promociones que realizaría el conjunto en todos los territorios cubiertos por el contrato de la RCA. Más aún, prácticamente la mitad de la cifra recibida sería invertida por Edgardo para adquirir nuevamente los derechos que anteriormente había vendido a las otras compañías que se encargaban de distribuir el producto de Menudo en cada mercado, previo a la llegada de la RCA. Aunque en términos económicos este contrato millonario no resultó ser lo que a simple vista parecía, el mismo sería un paso trascendental en su internacionalización, pues con el respaldo de esta poderosa multinacional, sus limitaciones se reducían y sus posibilidades se tornaban infinitas.

El primer disco, bajo el sello RCA fue "A todo rock". De éste, sobresalió el aún recordado "hit", "Si tu no estás" en la voz de Ray Reyes.

A pesar de que el quinteto mantuvo en vigor su éxito y popularidad por varios años consecutivos y las ventas de sus primeros tres discos bajo el sello de RCA, en conjunto alcanzaron sobrepasar las 4 millones de copias, se necesitaba mucho más para que la compañía lograra cumplir con sus expectativas y justificar la millonaria inversión que hiciera en Menudo.

El grupo, después de experimentar la primera modificación en sus componentes. René fue el primero en sustituir a un integrante del conjunto, seguido por Johnny.

Como cualquier otro niño, los integrantes de Menudo saborean uno de los grandes placeres de la vida.

Durante su programa "La gente joven de Menudo", los integrantes actuaban como conductores y mostraban sus habilidades histriónicas en algunas secciones de comedia. Este programa, propagó la "menuditis".

En el Viejo San Juan de su patria, Puerto Rico, los componentes con los que se inició la etapa de gloria de Menudo.

Ray, Miguel, Johnny, Charlie y Xavier durante una de sus visitas a la Organización de las Naciones Unidas en Nueva York.
Los jovencitos fueron designados como "Embajadores Juveniles de Buena Voluntad" de la UNICEF.

El conjunto contó con más de 40 artículos promocionales, entre los que se destacó el juego de mesa, "Menudo Karshow Game", una especie de Monopolio.

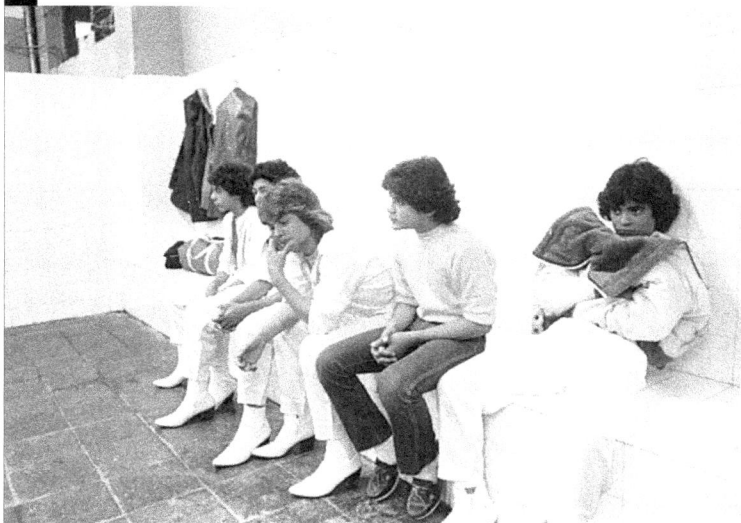

Los jovencitos durante un receso en el camerino.

El quinteto boricua junto al productor puertorriqueño Paquito Cordero. Este les brindo la oportunidad de tener su propio programa de televisión, "La gente joven de Menudo".

Menudo fue el primer grupo puertorriqueño que se presentó en concierto en el Estadio Hiram Bithorn de Puerto Rico, lo que estableció un precedente.

Lograban abarrotar cada plaza en la que se presentaban. Aquí, durante una de sus presentaciones en El Salvador.

La imagen del quinteto fue evolucionando gradualmente.

Una vez más, los integrantes con su vestimenta peculiar.

Johnny, Ricky, Charlie, Miguel y Xavier en 1982.

Durante una sección fotográfica en la zona histórica del Viejo San Juan en su patria.

EN LA CUSPIDE

Nueva York

Una vez conquistada Latinoamérica, Menudo enfocó sus miras hacia el norte. El mercado latino de los Estados Unidos sería su primer objetivo. **Nueva York**, como las demás plazas visitadas con anterioridad, no pudo resistir el encanto de Menudo. Según los propios integrantes, las fanáticas de Nueva York eran muy "agresivas". Sin lugar a dudas, esto era así. Jóvenes de todas las edades, entre gritos y llantos, abarrotaban los aeropuertos para recibir a sus ídolos con banderas de Puerto Rico y carteles con lemas que leían: "Menudo, I love you". Los tabloides hispanos más importantes y sorprendentemente, incluso los norteamericanos, reseñaban la llegada de Ricky, Miguel, Johnny, Charlie y el nuevo integrante, Ray Reyes a la "Ciudad de los Rascacielos" y comparaban el furor de su fanaticada con los recibimientos de "Los Beatles" hacía casi dos décadas, en el 1964. Expresiones como **Menudo, The Spanish Beatlemania** ("la Beatlemanía hispana") por parte de los rotativos, así como la declaración del Alcalde de esta ciudad, Edward Koch, quien los describió como **Bigger Than The Beatles!**, confirmaban la conquista de tan importante plaza por la afamada agrupación.

En el verano de 1983, periódicos de la talla del *The New York Times*, *New York Post* y *Daily News* anunciaron con gran despliegue la consagración del quinteto en el cotizado escenario del **Madison Square Garden**, ante 40,000 espectadores en dos conciertos celebrados bajo el nombre de "Menudomania". Ese 18 de junio de 1983, una enorme multitud en histeria colectiva, despedía a Xavier Serbiá y daba paso a la incumbencia de **Ray Reyes**. Según informes de la Policía publicados por el rotativo *Daily News*, a su arribo a Nueva York, no menos de "¡10,000 histéricas niñas!"

abarrotaron la avenida donde se localizaba el hotel Middletown Doral Inn, lugar donde se hospedaban los integrantes del conjunto.

De Nueva York, el grupo se dirigió a la ciudad de Tegucigalpa en **Honduras** y posteriormente a **San Salvador** donde efectuaron un concierto en el Convention Center del Hotel Sheraton. En este país, también realizaron un concierto en el Estadio Cuscatlán, llenando a capacidad ese "venue". Tanto en Honduras como en San Salvador obtuvieron un éxito rotundo.

Indudablemente, el **1983** fue un año glorioso para el quinteto, cuyas ventas de discos sobrepasaron los tres cuartos de millón en sólo tres días. El moméntum fue capitalizado hábilmente por Padosa para lanzar al mercado un total de cuatro discos: *Menudo de colección, Feliz Navidad, Menudo*, **A todo rock** (RCA) y *Adiós Miguel*, como despedida al popular integrante. La partida de Miguel (Migue), siguiendo la pauta establecida con René Farrait, fue un acontecimiento publicitario. Se produjo un disco especial, se celebraron conciertos para despedirlo y se habló hasta de la posibilidad de lanzarlo como solista, apoyado por Padosa. Como vemos, para Padosa, esta partida fue una excelente oportunidad de mercadeo y Miguel, otro producto para comercializar y expandir su catálogo. El 5 de agosto, el sustituto de Miguel, **Roy Roselló**, debutó oficialmente, en el "Festival internacional de Menudo" que se celebró en el Coliseo Roberto Clemente en suelo boricua. Para las fanáticas éste fue un momento triste y para Miguel sin duda alguna, aún más.

Cabe preguntar, si alguien en la administración de Menudo se percató del daño irreparable que la experiencia intensa en el grupo, seguida por una separación abrupta, ocasionaba a cada integrante por el resto de su vida. La pasantía por Menudo significaba todo, para cada uno de estos jovencitos que llegaban con tan sólo doce años e incluso, en ocasiones, con hasta menor edad. A tan corta edad, estos adolecentes se encontraban en una de las etapas más difíciles de la vida de cualquier ser humano, etapa que aún lo sería mucho más para unos jóvenes que de buenas a primeras eran insertados en el complejo, competitivo e impredecible mundo del espectáculo. La experiencia posterior, nos demuestra que nadie se percató del dolor de estos jovencitos que nuevamente experimentaban una transformación dramática, al pasar a otra vida carente de fama, reconocimiento, poder, emoción, magia, dinero y la dosis de aplausos que mantiene con vida a un artista. De tenerlo "todo", ahora no tenían nada. Seguían siendo artistas, pero su público ya no les aplaudía. Se veían forzados a dejar sus sueños atrás, mientras Menudo, sin ellos, continuaba su camino ascendente.

En **1984**, el turno para decir adiós le correspondió a Johnny Lozada. No es coincidencia que en esos momentos el seleccionado para sustituirlo, fuera el ahora controvertible, **Robby ("Robi") Rosa**. El destino lo tenía reservado para este momento, pues a partir de su llegada, Menudo alcanzó su máximo esplendor. Sus habilidades en el canto y en el baile, así como su carisma, dominio escénico y perfecto manejo del inglés, le ganaron por consenso general el reconocimiento de toda la prensa y de los conocedores de la industria. Robby sería una pieza clave en la internacionalización total de Menudo. Sin intención de menospreciar el talento de los demás integrantes, no resulta atrevido el aseverar que Robby fue y continúa siendo el más completo y talentoso de todos los integrantes que pasaron por Menudo. De hecho, aún cerca de diez años después de haber abandonado el grupo, el potencial de éxito de este artista está apenas comenzando. Tan grandes son el talento y la capacidad creativa de este joven, que gran parte de los logros alcanzados por su ex-compañero Ricky

Martin en su carrera como solista, obedecen al genio musical de Robby Rosa.

Como apuntáramos anteriormente, su llegada a la agrupación no fue accidental, pues Robby audicionó tres veces, antes de su incorporación definitiva. Su selección respondió a la imperante necesidad que tenía el quinteto en esos momentos, de contar con un integrante que poseyera un buen dominio del idioma inglés y de suficiente talento como para colocar al conjunto en posición de competir con figuras de talla mundial. Con su entrada, la conquista del mercado americano se convertía en una posibilidad real. Al extenderse la estadía del experimentado Charlie Massó, al incorporar a Ray Reyes, quien poseía una gran capacidad vocal y por supuesto, al entrar Robby, quien aportaba su extraordinario talento, de sus cinco integrantes, Menudo contaba con la presencia simultánea de tres verdaderos artistas. Ahora, nos encontrábamos ante un Menudo más profesional. El estándar de calidad del grupo alcanzó su cenit definitivo y Menudo estaba listo para enfrentarse a los más grandes o los más talentosos, que no es necesariamente lo mismo.

El debut de Robby se originó en septiembre de ese año sobre uno de los escenarios más importantes del mundo. Menudo realizaría diez conciertos con un total de 60 mil espectadores en el **Radio City Music Hall** de "La gran manzana", en donde establecieron un récord de venta sólo igualado hasta ese momento por el artista Peter Allen. Estos conciertos conllevaron una serie de sofisticados elementos de producción, desde el columpio que bajaba a los cinco integrantes a la tarima para hacer su entrada al espectáculo, hasta la participación de treinta bailarinas, bautizadas como las "menudettes". Estos recursos de producción contribuyeron positivamente a la imagen del quinteto, pues Menudo había icursionado en las "Grandes ligas" y como tal, debían lucir.

Plaza de Toros de México: 90 mil personas en dos conciertos.

Un momento para la historia: Menudo se presenta en el Estado Azteca de México, rompiendo récord ante 105 mil espectadores.

El avión de Menudo fue adquirido por la administración del quinteto en México a un costo de 1,200,000 dólares.

Aquí, Charlie y Ricky junto a su profesora de canto y asistente de producción, Marilyn Pagán durante uno de tantos viajes en el jet privado de Menudo.

René, Xavier, Johnny, Miguel y Ricky: luego de cosechar triunfos en otros países, regresan triunfantes a su tierra natal, Puerto Rico.

Ricky Meléndez junto a una de las actrices venezolanas en una escena de "Menudo, la película", el largometraje, filmado en Venezuela que le permitió al grupo incursionar en el séptimo arte.

Su segunda película "Una aventura llamada Menudo" rompió récord en venta de taquillas en Puerto Rico y Nueva York. Aquí aparecen Ricky, Xavier, Miguel, Charlie y Johnny durante la filmación que se realizó en el centro vacacional Palmas del Mar en la ciudad de Humacao en Puerto Rico.

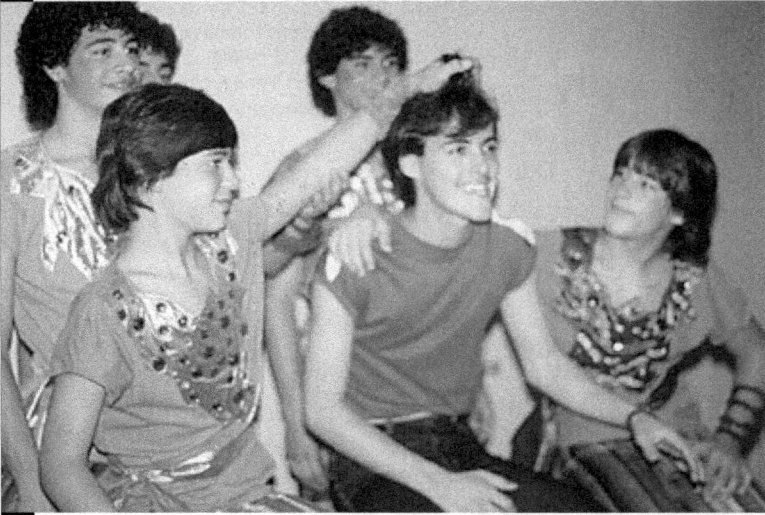

José Luis Vega (al centro), mejor conocido como "Joselo" fue el coreógrafo y quien cuidaba la imagen del conjunto. Joselo se convirtió en el "hermano mayor" de los chicos. Actualmente se desempeña como asistente personal de Ricky Martin y tiene a su cargo la imagen de este ídolo.

Ray, Johnny, Charlie y Roy comparten junto a su coreógrafo y amigo, Joselo.

Participaron en una de las comedias de mayor audiencia en la televisión norteamericana, "Silver Spoons" junto al joven protagonista Ricky Schroder.

Siempre se indentificaban con los niños.

Johnny se retira formalmente de la agrupación en la ciudad de New York para darle paso a Robby Rosa.

Johnny se distinguía por su habilidad para el baile. Aquí aparece junto a las "menudettes interpretando la coreografía ejecutada por John Travolta en el tema "Staying Alive".

La integración de Robby al conjunto fue una estrategia clave para la internacionalización de Menudo y su entrada al mercado anglosajón.

El talento de Robby era evidente.

Su arraigo en Nueva York fue tal, que Edward Koch alcalde de esta ciudad rindió homenaje al conjunto y les llamó "Bigger than the Beatles" (más grande que los "Beatles")

Multitudes como éstas abarrotaban cada lugar donde llegaba la agrupación.

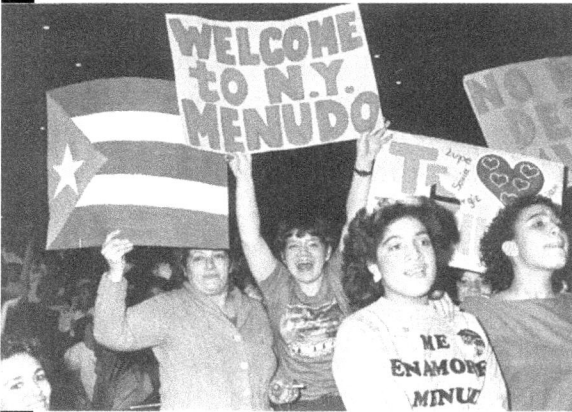

En Nueva York ocasionaron una gran revolución entre las chicas. Hasta las madres llegaban al aeropuerto junto con sus hijas para recibir al quinteto boricua.

El nuevo reto: la conquista del mundo. Utilizando a Robby como punta de lanza, derrumbaron las barreras del idioma y grabaron el tema principal de la banda sonora de la película norteamericana **Cannonball Run II**, protagonizada por Burt Reynolds. Como si fuera poco, realizaron por primera vez una producción discográfica en inglés, denominada **Reaching Out** (1984). Tras su lanzamiento, esta producción contó con una extensa campaña publicitaria, que incluyó prensa, radio, televisión y cine y que según el principal ejecutivo de RCA fue "única" para un grupo internacional en la historia de esta compañía. El arraigo de **Reaching Out** fue tal, que en semana y media logró vender 400 mil copias sólo en Estados Unidos. (En el mercado discográfico, las ventas de discos en Puerto Rico, se contabilizan junto a las de Estados Unidos). De este elepé, el tema *If you're not here,* una versión en inglés de la popular canción *Si tu no estás,* no sólo fue un éxito en los mercados de habla inglesa, sino que trascendió los mismos, llegó a Brasil y alcanzó allí, el primer lugar en las listas de éxitos para agosto de 1984. Así, de forma un tanto inesperada, surge un nuevo y rico mercado para explotar.

BRASIL

Para penetrar de lleno al mercado brasileño, el quinteto grabó su primer disco totalmente en portugués, **Menudo, Manía**. Esta producción obtuvo una enorme acogida, y llegó a obtener varios discos de platino al lograr ventas cercanas al millón de copias. Este fenómeno podría describirse de muchas maneras. Sin embargo, el periodista Miguel López, de la revista puertorriqueña Artistas tuvo, a nuestro entender, las mejores palabras para describirlo: "Jamás, en la historia del negocio del espectáculo brasileño, artista hispano alguno había generado un "boom" de la magnitud al que desatara el grupo Menudo, a partir de 1984. De hecho, a ese nivel tampoco se ha repetido. Posterior al fenómeno de la "Menuditis", sólo dos artistas hispanos lograrían impactar a los brasileños de manera considerable... aunque sin igualar el bombazo de la fiebre propagada por Menudo: Ricky Martin y Chayanne en fecha reciente. En tercer lugar podríamos mencionar a Luis Miguel".

Menudo entra al mercado brasileño justo en el momento en que se desataba el florecimiento triunfal del rock. La juventud, que buscaba una nueva y distinta corriente musical, comenzó a echar hacia un lado los ritmos nacionales y la expresión musical por excelencia: la samba. Súbitamente, hasta las emisoras de radio cambiaron su programación. En ese momento las emisoras que transmitían "rock" llegaron a ser el doble de las que ignoraban este género. Los intérpretes más reconocidos de la música brasileña, tales como Caetano Veloso, Simone, Nay Mattogrosso y hasta Roberto Carlos, tuvieron que amoldarse a esta corriente para incluir en sus producciones, giros y modismos del "rock". Una muestra fehaciente del impacto de este género fue la celebración del "Festival Rock in Rio", un evento costosísimo que reunió a millares de fanáticos del género, procedentes de todo el mundo para aclamar a artistas nacionales junto a estrellas internacionales como Rod Stewart, Iron Maiden y Qween.

Con estas circunstancias tan favorables, el quinteto boricua descendió en suelo brasileño, obteniendo resultados espectaculares en su primera gira promocional. En cada esquina se leía el nombre de Menudo. Estaban por todas partes y todos hablaban sobre ellos, algunos bien y otros no tanto. Lo que definitivamente fue unánime es que nadie pudo ignorar su presencia.

En su gira de presentaciones por las diferentes ciudades, los medios de comunicación paralizaban sus funciones para cubrir la llegada del grupo. Previo a su arribo a **Brasil**, la revista de farándula "Contigo" destacó el impacto que tendría la nueva visita en una historia que tituló "¡Prepara el corazón, muchacha!, Menudo viene para incendiar el país". Además, anunció que más de un millón y medio de admiradores asistirían a la tuné.

El éxito de Menudo en Brasil sería la gran noticia del año. Es prácticamente imposible relatar la trascendencia del quinteto en este mercado. La nación brasileña ha adquirido una notable importancia para los artistas de diversos países por su cantidad de habitantes y capacidad territorial, que les permite alcanzar a un porciento mayor de personas en comparación con otros países. La idiosincrasia de sus habitantes despierta la festividad y el entretenimiento como un fructífero negocio. Menudo llegó a Brasil para entretener a los más jóvenes y con un ritmo muy de moda, el "rock". En cuanto pisaron tierra, todos los ojos se voltearon hacia ellos y por buen rato no se distrajeron con otra cosa.

Tras su arribo, la agencia internacional de noticias, UPI envió un cable con el siguiente comunicado, que fue publicado por cientos de rotativos en diversos países incluyendo Puerto Rico. "Aunque Brasil está a dos semanas de retornar a un gobierno civil, terminando dos décadas de regímenes militares, el hecho es irrelevante para miles de jovencitas ahora envueltas en el huracán que origina la gira del grupo puertorriqueño, Menudo. En su primera presentación en Belén en el Amazonas, los promotores tuvieron que alquilar un camión blindado para llevar a los jóvenes cantantes y evitar que sus admiradoras los aplasten. En (la ciudad) Fortaleza se congregó una fuerza de 300 policías para proteger la seguridad de Menudo, casi con las mismas precauciones adoptadas cuando el Papa Juan Pablo II llegó a esa ciudad en 1980".

Para esta fecha, el Semanario "Veja" estimó que el productor de Menudo, Edgardo Díaz, recibiría una ganancia neta de 50 mil dólares en cada una de las 17 presentaciones pertenecientes a la gira de conciertos. De este estimado podríamos presumir que Edgardo generaría cerca de 1 millón de dólares entre los conciertos, venta de artículos relacionados al grupo y otros derivados. Esta misma revista dedicó siete páginas de su nota principal al quinteto, a pesar de la inminencia del juramento presidencial de ese 15 de marzo. Y como si fuera poco, comparó al quinteto con el consagrado novelista Jorge Amado. En esta misma edición, también reportó que el álbum "Mania", grabado en portugués, hasta ese momento, había vendido más de 1,500,000 copias: "con más de un millón y medio de elepés vendidos, el grupo puertorriqueño fue el gran fenómeno de popularidad del año en Brasil".

Por otro lado, en enero de 1985, el semanario "Manchete" destacó la visita del conjunto como "uno de los principales acontecimientos de 1984 en Brasil". Como es de notar todos los medios y el público tenían a los jovencitos en la mira. Menudo era el tema de conversación de cada chica brasileña que soñaba con tener de frente a su integrante predilecto. Los medios hacían despliegue de cada paso del quinteto. Convertían un estornudo en una noticia.

Sin embargo, no todos los medios se doblegaron ante el triunfo del grupo. Las críticas no faltaron. Algunos de los semanarios y revistas de mayor prominencia arremetieron contra el quinteto. Uno de estos fue el semanario "Al final" (publicación similar al *Newsweek*), que hastiado por la "menuditis", abrió fuego contra los jóvenes, criticándolos acerbamente por su "total ausencia de capacidad artística y por ser un fenómeno sin cabida en la realidad social brasileña". El resultado, tal como lo admitió la propia revista, fue una explosión de protestas a través de millares de cartas por parte de fanáticos de todas las edades que inundaron la redacción para defender al conjunto. Como la vida se encarga de hacer justicia, a "Al final" casi le llega su final, por lo que tuvo que "guardar su lengua en el estuche" y en su edición del 11 de diciembre dedicó su principal artículo a los boricuas con fotos a color y un análisis más balanceado sobre este fenómeno. La rendición total quedó en manifiesto con su titular "Menudo, o suceso vence a critica" ("Menudo: el éxito triunfa sobre la crítica").

Ante la magnitud del éxito alcanzado por el grupo, el mensuario "Somtres", considerado como "la Biblia de los amantes de la alta fidelidad", llegó a los extremos de publicar en su portada del número de noviembre, el titular: "Exclusivo, esta revista NO contiene nada de Menudo".

No menos irritantes fueron las expresiones vertidas por el crítico musical del "Somtres", Mauricio Kubrusly, quien en su columna de enero, redactó: "Pasó la Navidad y Papa Noel no dejó el regalo que tanta gente esperaba: el anuncio de la cancelación de la excursión de Menudo. Por consiguiente, luego de los dólares que vamos a gastar en "Rock in Rio", vamos a tener que desembolsar otro paquete de dinero para pagar la visita de MENUDO. Y todo ello para oír música de segunda..."

Contrario a estas expresiones, hubo otras revistas que mantuvieron mejor balance en sus publicaciones, como es el caso de "Capricho". En la misma aparecía un editorial que leía: "¿Qué es lo que tiene Menudo? Nada. No son lindos. Apenas si son bonitos. No son originales. Cantan una música fácil, discos y baladas azucaradas, llenas de romance y apologías al baile. Su ropa es colorida, pero no costosa. Es fácil parecerse a ellos. Y tal vez, precisamente por eso: porque son muy accesibles. No son de la vanguardia, ni precisan de ser modernos. Los fanáticos gustan del proyecto Menudo y de la imagen de los chicos. Ellos, como su público, son muy jóvenes. Y jamás podrán dejar de serlo. De cualquier manera, es posible detestar a Menudo, pero no ignorarlo..."

Como en cualquier lugar del mundo, la sátira también estuvo presente. El tabloide "O Planeta Diario", reconocido por su humor satírico, se hizo sentir en su portada de noviembre: "Nelson Ned es el nuevo Menudo" ("NELSON NED E O NOVO MENUDO!"). El artículo leía: "El famoso cantante enano Nelson Ned cerró contrato con la "Puerto Rico Trading Banana" para ser el próximo integrante del fenómeno Menudo. La compañía grabadora, cansada de los constantes cambios de integrantes está buscando solucionar el problema con la contratación de Nelson, que ya pasó su etapa de crecimiento".

Para continuar en la línea humorística, el programa de comedia de mayor audiencia en la televisión brasileña, que se transmitía a través de la Red TV Globo, creó con "Los Trapalhoes" (elenco de uno de sus segmentos) una sección que se llamó "Los Viejudos". Estos imitaban la vestimenta, bailes y canciones del quinteto, pero disfrazados como ancianos, recreando como lucirían "los menudos" dentro de 50 años. Este segmento cómico se mantuvo vigente por casi tres años (1984-1986).

A pesar de todas las críticas, millones de fanáticas soñaban con presenciar el espectáculo de los cinco jovencitos. De tal modo que su gira de conciertos estableció cifras impresionantes como la del Estadio Bello Horizonte con 110 mil personas, el Estadio Nacional de Río de Janeiro ante 130 mil espectadores y el Estadio Vasco de Gama, también en Río de Janeiro. Esta última dejó un saldo de dos muertes entre la fanaticada, a raíz de una turba de histéricas fanáticas en las entradas del recinto. Según informó el "Periódico O'Globo", la capacidad del estadio

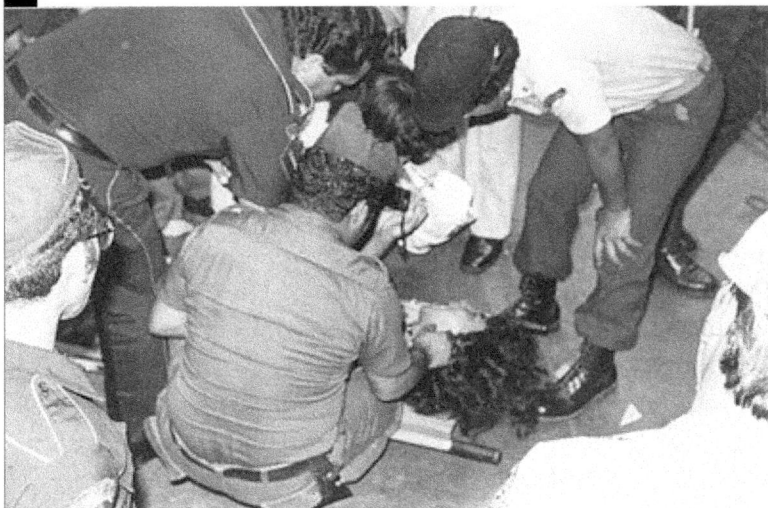

La histeria colectiva ocasionaba desmayos entre las fanáticas e incluso hasta se reportaron varias muertes.

Requerían de una enorme seguridad para llegar a las presentaciones.

era poco más de 40 mil espectadores, pero se alegó que los organizadores de los conciertos vendieron 130 mil boletos a precios de $18.00, lo que causó un exceso en la venta y por ende la sublevación de la multitud. Esta situación se convirtió en una práctica muy común entre los empresarios que contrataban los espectáculos del conjunto. Las sobreventas de boletos para los conciertos eran la orden del día, sobre todo en países de Centro y Suramérica, donde se produjeron cientos de tumultos, víctimas de desmayos y hasta muertes en diversas plazas.

Esta gira concluyó con el evento histórico que rompió récord mundial de asistencia en Brasil y en el mundo: la consagración de Menudo ante 200 mil fieles admiradores en el **Estadio Morumbi de Sao Paulo**, el 16 de marzo, un día después del juramento del nuevo Presidente brasileño. Este espectáculo se convirtió en el evento más popular de Brasil, y superó las presentaciones de otros artistas como Julio Iglesias y Michael Jackson.

Las ventas combinadas de los discos *Mania*, *Reaching Out* y *Evolución* ascendieron en Brasil a cerca de 4 millones de unidades.

ESTADOS UNIDOS

Mientras obtenía tan importantes y significativos triunfos en el exterior, Menudo nunca olvidó, ni abandonó la plaza de Puerto Rico. En 1984, Ricky, Charlie, Ray, Roy y Robby regresaron a Bellas Artes de Puerto Rico para compartir con su patria, los logros obtenidos.

A comienzos del año, Menudo fue objeto de una de las invitaciones más significativas de su carrera, el participar en la entrega de premios musicales más importante del mundo: **Grammy Awards**. A esta ceremonia asisten los artistas más famosos y mundialmente reconocidos. Los medios de comunicación, sin excepción, están presentes para entrevistar a "los famosos". Pero cuando a la ceremonia llegó "el más famoso de todos", Michael Jackson, los demás quedaron opacados. El conjunto boricua tuvo el honor de compartir este momento histórico junto a Michael Jackson al hacerle entrega de uno de los ocho premios Grammy, que ganó esa noche por su producción *Thriller*. Muchos de los "grandes" presentes en la ceremonia se hacían la misma pregunta. ¿Por qué Menudo? La respuesta era sencilla. Menudo se había convertido en un fenómeno de inmensas proporciones en el mundo de la música popular. Sin dudas, ahora merecía estar entre los más grandes.

Esta vez, el "boom" estalló en Estados Unidos. La acogida fue tan grande que generó la venta de 210 mil discos en tres días, sólo en esta nación. No hubo periódico ni revista que pudiera ignorar su nombre.

En lo sucesivo, los principales tabloides estadounidenses tales como *Daily News*, *Los Angeles Time*, *Miami Herald*, *Chicago Tribune* y *The New York Times* y las revistas anglosajonas de mayor reconocimiento como *People*, *Us*, *Time* y *Newsweek* les dedicaron múltiples reportajes, ediciones especiales y sobretodo, portadas con la foto del quinteto. El reconocido *New York Post* publicó que "desde la legendaria visita de Los Beatles en 1964, New York no veía tal manía por el rock". La cotizada revista *People* los sugirió para interpretar el himno en las Olimpiadas. Las principales revistas especializadas y dirigidas al público adolescente (la principal entre la juventud, *Star*, *BOP*, *Rock & Poster*, *Teenage*, *16*, *Superteen* y otras) no descansaban de escribir artículos especiales y colocarlos en sus portadas mes, tras mes. Por ejemplo, *BOP* los destacó en su portada de junio, con mayor despliegue que los reportajes contenidos en la misma edición sobre Michael Jackson, en el estreno de su histórico videoclip "Triller", Boy George y una entrevista personal a Duran Duran. Por su parte, en 1984, *Rock & Poster* les dedicó una edición completa que incluía diez afiches a colores de la agrupación. La más importante, *Star*, lanzó en abril del 1985 una edición con Menudo en su portada: "Alone With Menudo". *Superteen*, publicaría en septiembre de 1986 una edición especial titulada "Menudo Magic", tanto en inglés como en español.

Mientras todo esto sucedía, los jóvenes incursionaban en los programas más prestigiosos de las cadenas de televisión norteamericanas. Intervinieron como invitados especiales en uno de los capítulos de la serie de comedias *Silver Spoons*, protagonizada por el joven actor Ricky Schroder para la cadena NBC-TV. También participaron en los programas televisivos de mayor audiencia como *Good Morning America, Solid Gold, ABC's 20/20, Entertainment Tonight, Live & In Person, Children's Prime Time, Now It Can Be Told* y *The Love Boat*. Además, Ray, Roy, Charlie, Ricky y Robby compartieron con los personajes del programa infantil *Sesame Street* en uno de sus episodios. Pueden contarse con los dedos de una mano los artistas hispanos que han tenido tal despliegue en los medios de comunicación estadounidenses. Su popularidad y arraigo en esta nación llegó al extremo de que el entonces Presidente de los Estados Unidos, Ronald Reagan, los recibió en la Casa Blanca para homenajearlos.

Menudo figuró como invitado en eventos de gran magnitud, tales como el *Telemaratón de Jerry Lewis*, la *Parada de Macy's (Macy's Parade)* y el *Saludo a la Estatua de la Libertad (Salute To The Statue Of Liberty)*. En el especial televisivo de este último, transmitido por la NBC-TV con motivo del Día de la Independencia de los Estados Unidos, participaron junto a varias estrellas norteamericanas, entre las cuales se encontraba el cantante Kenny Rogers.

A nivel internacional, participaron en múltiples eventos especiales, incluso en Europa y Asia. Pero uno de los más impresionantes lo fue el de *Solidaridad a Colombia*, donde el conjunto, como artista principal compartió y recibió aplausos de sobre 4 millones de personas.

En 1984, Charlie, Robby, Ray, Roy y Ricky Meléndez fueron seleccionados como *Embajadores internacionales de la juventud* (*International Youth Ambassador*) por la **UNICEF**, entidad dedicada a la protección de los niños, adscrita a las Naciones Unidas. El acto se llevó a cabo en la sede de la Organización de las Naciones Unidas en Nueva York. Además, estuvieron al frente de varias campañas en contra de las drogas y la deserción escolar. La cadena norteamericana *ABC* los escogió para hacer *Menudo On ABC*, unas cápsulas educativas bilingües transmitidas semanalmente.

Mientras Menudo continuaba su larga cosecha de triunfos, los ex-integrantes Fernando Salaberry y René Farrait, ahora convertidos en solistas lanzaron sus discos al mercado, comandados por Padosa, compañía responsable del quinteto boricua. Esta nueva aventura empresarial no rendiría grandes frutos. Quizás, porque la mente creativa de Edgardo estaba concentrada en Menudo y no daba abasto para iniciar otros proyectos. Tal vez, porque en el mundo del espectáculo, una carrera como solista requiere de otros enfoques, recursos y sobre todo de un concepto, que no es fácil desarrollar, incluso por los más talentosos.

... Y AUMENTABAN LOS COMPROMISOS

Si como hemos destacado, cada despedida era motivo de un concierto, la despedida en 1984 del más antiguo de los integrantes, Ricky Meléndez, sería un evento histórico de grandes proporciones. Decir Ricky Meléndez es decir Menudo. Su fiesta sería muy distinta a las de los otros ex-menudos, pues se trataba de un concierto en la ciudad en donde nació Menudo, Caguas, Puerto Rico. La ocasión la aprovechó su primo y creador del conjunto, Edgardo Díaz para obsequiarle a nombre del grupo un costoso auto deportivo de marca *Porsche*, que Ricky siempre soñó tener. La coyuntura también se aprovechó, para reunir a doce de los ex-integrantes, que hasta ese momento habían formado parte del conjunto. Como expresáramos anteriormente, esta fiesta sería histórica, pues se incorporaría, en lugar de Ricky Meléndez, un nuevo jovencito, quien contaba con experiencia en diversos comerciales de televisión y que sin imaginarlo, se transformaría en el ex-menudo de mayor éxito. Su nombre, Enrique Martin Morales. Para los suyos era "Kiki". En cambio, para incursionar en la música necesitaría un nombre artístico más comercial, por lo que se convertiría en el nuevo Ricky. Un Ricky llegaba por otro Ricky.

Con la participación del recién llegado **Ricky Martin**, grabaron el elepé **Evolución** (1984), el que sería nominado para el prestigioso premio **Grammy** al año siguiente (1985).

El **1985** fue el año de mayor proyección internacional del conjunto. El 17 de enero, el periódico El Mundo de Puerto Rico lo describiría en uno de sus titulares como "Un año significativo para Menudo". Este titular servía como preámbulo a un reportaje acerca de sus presentaciones en el Centro de Bellas Artes de Puerto Rico en el mes de febrero, en donde despedirían al integrante Ray Reyes y darían la bienvenida a **Raymond (Ray) Acevedo**. El rotativo puertorriqueño no se equivocó. Ese año visitarían Venezuela, México, Brasil, Japón, Europa, Filipinas, Hawaii, Guam y Australia y grabarían cuatro discos en español, inglés, portugués e italiano. Nunca antes un artista hispano había trascendido tantos continentes e idiomas simultáneamente.

Su popularidad llegó hasta los oídos de los más altos ejecutivos de la empresa norteamericana Pepsi Cola. Siguiendo los mismos pasos de Michael Jackson en el mercado anglosajón, Menudo sería el portavoz de la prestigiosa marca en el mercado hispano. En febrero de este año, filmarían dos comerciales en Los Angeles para **Pepsi**, lo que los convirtió en los primeros latinos en firmar con tan prestigiosa marca. Hasta ese momento ningún otro cantante hispano, excepto Julio Iglesias que realizó una campaña para la Coca Cola, había firmado un convenio como portavoz de una campaña comercial para una gaseosa norteamericana.

Los compromisos de la agrupación aumentaron considerablemente. Una muestra de esto es el itinerario de trabajo preparado por Padosa para los primeros meses del año. De enero 7 al 22 grabarían su segundo disco en inglés; los días 11, 17 y 18 grabarían el programa de televisión *La gente joven de Menudo*; el 12 de enero saldrían a Miami para la presentación en vivo del certamen *Miss Teenage* y del 23 al 1ro. de febrero filmarían el comercial para Pepsi en Los Angeles.

En febrero, del 2 al 5, visitarían Caracas, Venezuela; el 6 regresarían a Puerto Rico para grabar otros programas de *La gente joven de Menudo*; el 7 participarían en el programa *Noche de gala* en vivo; del 8 al 10 realizarían presentaciones en el Centro de Bellas Artes de Puerto Rico; del 11 al 15 grabarían el disco en inglés; del 16 al 19 irían a México para actuar en televisión; del 20 al 22 visitarían Hawaii; el 23 y 24 asistirían a la Convención de embotelladores de Pepsi-Cola en Los Angeles y del 25 al 19 de marzo llegarían a Brasil para su gira de presentaciones. Del 20 de marzo al 10 de abril continuarían en Japón para el *Tokyo Music Festival*. Entre el 11 y el 15 de abril permanecerían en Filipinas para tres conciertos; del 16 al 20 estarían en Australia y el 21 en Guam.

Como vemos, el itinerario del grupo era intenso y extenuante. Las giras internacionales, son de las actividades que mayor temple físico y emocional requieren de un artista. Los ensayos, las presentaciones públicas, las visitas promocionales, las entrevistas, las sesiones fotográficas, las grabaciones de discos, los conciertos, el asedio de los fanáticos, los viajes continuos y las amanecidas, drenan y consumen al más recio. Si fuertes resultan estas actividades para artistas de mayor madurez, es de imaginar, lo que toda esta experiencia representó para unos adolecentes que de forma acelerada y violenta fueron despojados de su niñez y lanzados a un mundo adulto, lleno de intrigas, tensiones, deslealtades e injusticias. El efecto de todo esto en la persona de los integrantes de Menudo, no vino a conocerse sino hasta varios años después. Como veremos, no todo fue alegría, y hay quienes aseguran que por el contrario, mucha fue la infelicidad.

En los mercados de Filipinas, Japón e Italia, Menudo tuvo una gran trascendencia. Resulta inverosímil que cinco jóvenes hispanos hayan podido penetrar estos territorios y llegar hasta un público con idiomas y culturas tan diferentes a la latina. Estaría demás decir, que luego de haber aprendido portugués, tras su éxito en Brasil, los chicos de Menudo aprendieron tagalo, italiano y hasta algunas cositas en japonés.

En su visita a **Japón** fueron honrados con el *Premio Oro* del **Tokyo Music Festival** por su tema *Explosión*. De vuelta a su tierra natal, el entonces gobernador de Puerto Rico, Rafael Hernández Colón rindió homenaje al grupo en un recibimiento que se produjo en el Aeropuerto Internacional de Isla Verde.

Este mismo año (1985) realizaron su segunda producción discográfica totalmente en inglés que llevó por nombre simplemente **Menudo**, en la que se se destacó el tema *Hold Me*. También se grabó el disco **Ayer y hoy** para el mercado hispano, que incluía el tema *Marcelo*, dedicado a un niño brasileño que el conjunto adoptó en Río de Janeiro y al que le enviaban un donativo para ayudarlo a cursar sus estudios. Esta obra caritativa fue gestionada por Robby Rosa, quien se identificó con Marcelo desde el primer día en que lo conoció. Marcelo se convirtió en un hermano menor para Robby y sus compañeros de Menudo. Una de las experiencias más emotivas del quinteto en Brasil fue cuando en el concierto celebrado en el Estadio Morumbi de Sao Paolo, Robby con el niño en sus brazos, interpretó la canción que lleva su nombre.

La lista de los reconocimientos y galardones recibidos por Menudo, fue tan abarcadora y extensa como las plazas por ellos visitadas. En la ciudad de Los Angeles en el estado de California, el alcalde Tom Bradley le confirió el galardón *Youth Inspirational Award*, por haber servido de inspiración a la juventud de dicha ciudad californiana. En esta ciudad, habría de realizar la filmación del video para el tema *Hold Me*, cuya coreografía y dirección estuvo a cargo de Kenny Ortega. Este norteamericano de origen hispano fue el responsable del montaje de las coreografías y bailes de la taquilleras películas de Hollywood, "Dirty Dancing", con la actuación estelar de Patrick Swayze y "Salsa" que protagonizara Robby Rosa, tras su salida del quinteto.

En **1986, Sergio González** Blass, quien luego se conocería como Sergio Blass, se unió a la agrupación para sustituir a Roy Roselló. Sergio, había pertenecido a otros grupos juveniles, lo que ayudó a su inmediata adaptación dentro del conjunto. Ese mismo año, el Radio City Music Hall les recibió nuevamente y establecieron récord como los primeros artistas en realizar veinte funciones en un mismo año.

Con Sergio, grabaron el disco **Refrescante** del cual sobresalieron los temas *Bésame, A cara o cruz, Hoy me voy para México* y *Salta la valla*. Una tercera producción en inglés, bajo el nombre de **Can't Get Enough** salió al mercado. Ese mismo año también grabaron la tercera producción en portugués y la primera en italiano que se tituló **Viva Bravo.**

Los logros y reconocimientos alcanzados en los Estados Unidos se sucedían unos tras otros. Las revistas norteamericanas de mayor prestigio continuaban engalanando sus portadas con fotos del grupo y ediciones completas eran dedicadas con carácter de exclusividad a éste. Una de las más vendidas fue *Superteen*, que le dedicó una edición especial en exclusiva a los boricuas.

El año **1987**, marcó el décimo aniversario del grupo y una gira conmemorativa de este evento fue organizada. Los conciertos celebrados como parte de la misma a través de Latinoamérica y Estados Unidos, obtuvieron lleno "total".

Ralphy Rodríguez ocupó la vacante dejada por el veterano Charlie Massó, el único de los integrantes originales que aún quedaba en el conjunto. Sin embargo, a pesar de haberse oficializado su salida, éste permaneció junto al quinteto hasta la gira de exitosas presentaciones en **Filipinas**, durante la cual se materializó su despedida. Por invitación de la hija de la Presidenta de este país, Corazón Aquino, Menudo llegó a Filipinas,en donde reunieron 75 mil personas en una gira que abarcó cinco conciertos realizados en el Arenata Coliseum de la ciudad de Manila. Sus logros en este país, llevaron a Menudo a grabar su primer disco en tagalo, el que se llamó **Menudo in Action**.

En Argentina grabaron la exitosa novela **Por siempre amigos**, precisamente con la participación de Charlie como invitado en algunos capítulos en los que caracterizó al primo de Robby. ¿Por qué se prolongó por tanto tiempo la estadía de Charlie en el quinteto, a pesar de contar con Ralphy como sustituto todo ese tiempo? Más aun, ¿por qué continuar vinculándolo con los proyectos del quinteto? Pues, sin lugar a duda Charlie fue un integrante clave en un momento triunfal y decisivo. Mientras que Ralphy, quizás no estaba lo suficientemente preparado para ocupar su posición.

Poco después de la salida de Charlie, el grupo se estremecería nuevamente con la partida de otro de sus integrantes principales, Robby Rosa, quien sería sustituido por **Ruben Gómez**.

Foto de la carátula de su primer disco en inglés, "Reaching Out", bajo el sello RCA. El arraigo de esta producción fue tal, que en semana y media logró vender 400 mil copias sólo en Estados Unidos.

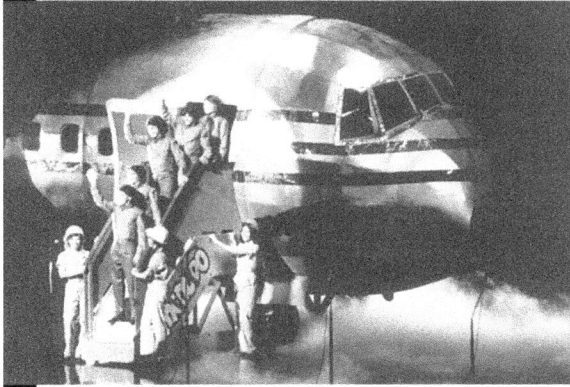

Sus presentaciones en el Radio City Music Hall de New York y el Centro de Bellas Artes de Puerto Rico, se distinguían por los complejos montajes de producción. Aqui hacen su entrada al concierto, saliendo de una réplica del famoso avión que los transportaba.

En Filipinas, durante su histórica gira, reciben un reconocimiento de su casa discográfica por las ventas de discos. Poco después, Charlie partiría del grupo.

Sus coreografías eran imitadas por la fanaticada. Aquí aparecen Ricky, Ray, Charlie, Robby y Roy en el Centro de Bellas Artes de Puerto Rico en 1984.

El alcalde de Los Angeles, Tom Bradley les confirmó el galardón "Youth Inspirational Award" por su contribución a la juventud de esta ciudad californiana. Le acompañan Reve Gibson, fundadora del programa "Youth Awards".

Al regresar a su patria, el Gobernador de Puerto Rico, en aquel entonces, Rafael Hernández Colón les recibió en el aeropuerto junto a miles de fanáticos para darles la bienvenida y felicitarlos por los logros obtenidos a nivel internacional.

Las principales revistas norteamericanas dedicadas a la juventud no descasaban de escribir artículos y ediciones especiales, colocándolos en sus portadas, mes tras mes.

Unos minutos con la prestigiosa revista norteamericana "BOP".

La despedida de Ricky Meléndez, uno de los miembros originales y pariente de Edgardo, fue la más grande y emotiva de todas. Por primera vez y hasta por última se reunían todos los que hasta ese momento habían sido miembros del grupo. En esta ocasión, Edgardo le obsequió a Ricky un auto Porsche.

Ricky Meléndez, en su ceremonia de despedida, le da la bienvenida a Ricky Martin.

Participaron como invitados en el "Show de Gerardo" que se transmitía por una cadena de televisión norteamericana.

Las multitudes bloqueaban las entradas de los hoteles donde se hospedaba el conjunto. Ricky Martin, recién llegado al quinteto saluda a su fanaticada.

En la ciudad de Los Angeles en California, el famoso coreógrafo Kenny Ortega junto a Joselo, imparte instrucciones a los chicos durante la filmación del videoclip del tema "Hold Me" que interpretaba Robby.

Durante su primera visita a Hawaii, la "menuditis" se adueñó de todo el territorio.

Como pasa en todas las visitas de "Menudo" a otras tierras la histeria se hace dueña y señora de la situación. En Hawaii pasó exactamente lo mismo que en otras partes del mundo. Las jovencitas "Fans" de "Menudo" que recibían por primera vez la visita del famoso conjunto juvenil se "morían" de la emoción al verlos en persona. Pero como las fotos hablan por sí solas he aquí una prueba de lo que allí pasó en el tiempo que "Menudo" estuvo de visita en Hawaii.

Era muy común ver chicas llorando y gritando por los jovencitos durante sus conciertos. Esta reacción de la fanaticada fue comparada con la histeria producida por la llegada de Los Beatles a Nueva York.

El quinteto en la ciudad de Nueva York, foto promocional de la compañía discográfica RCA.

En Brasil, los ejecutivos de la compañía discográfica RCA, entre ellos el Sr. José Menéndez (tercero de izquierda a derecha) entregan el Disco de Platino al conjunto y a su manejador Edgardo Díaz por las ventas obtenidas de su disco "Manía", en portugués (1985).

Los oficiales del orden público tenían que abrirle paso a los integrantes a causa de la histeria de sus fanáticas en cada país al que llegaban.

Los propios integrantes observan y saludan a las fanáticas que se arremolinaron en las afueras del hotel para observar de cerca a sus ídolos.

Los jóvenes compartieron con figuras de la talla de Diana Ross (en la foto) Brooke Shields, Michael Jackson, Tom Jones, Julio Iglesias, Kenny Rogers, Lana Turner, Ricky Schroeder de la serie "Silver Spoons", entre otras estrellas.

A raíz del contrato millonario firmado con el sello RCA, los jóvenes celebran el lanzamiento del disco "A Todo rock".

La cadena norteamericana ABC los seleccionó para realizar los programas Menudo on ABC, unas cápsulas educativas transmitidas semanalmente.

El quinteto hizo entrega a Michael Jackson de uno de los ocho históricos premios que ganara el artista en la ceremonia de los "Grammy Awards".

Sus videos musicales llegaron a ser transmitidos por la famosa cadena de televisión MTV.

El quinteto durante una de sus giras promocionales.

(De izquierda a derecha) Robby, Roy, Ricky, Raymond y Charlie. Así lucían en 1985.

Ralphy, Sergio, Robby, Ricky y Raymond, junto a la actriz argentina Cristina Lemercier, estelarizaron la novela "Por siempre amigos", realizada en Argentina. Esta actriz fue la misma que protagonizó la famosa telenovela juvenil "Señorita maestra".

Rubén, Ralphy, Sergio, (atrás) Raymond y Ricky (al frente) en una de las últimas etapas de gloria de Menudo.

Las revistas norteamericanas más importantes no descansaban de seguir la carrera de los boricuas.
Posan para el lente de "16" (de izq. a der.) Robert Avellanet, Sergio González, Rubén Gómez, Ricky Martin y Angelo García.

Luego de la salida de estos dos pilares del grupo (Charlie y Robby), Menudo atravesó por un periodo de transformación continua. Una larga fila de integrantes se sucedieron unos a otros, sin mayores penas ni glorias. Tan variado y frecuente fue el cambio en la composición del quinteto, que a partir de ese momento se torna prácticamente imposible precisar una imagen definida de quiénes formaron parte de Menudo.

UN ULTIMO SUSPIRO

Menudo alcanzó el pináculo de su fama. Aquello que una vez fue impensable, ahora formaba parte de su realidad cotidiana. Si el cielo era el límite, Menudo lo había trascendido. Sus triunfos espectaculares fijaron el parámetro por el que en lo adelante todos los artistas serían juzgados, incluyéndolos a ellos mismos. ¿Cómo superar el grado superlativo? A Menudo, nada le restaba por hacer. Su propia grandeza había puesto fin a su inmortalidad.

Como suele suceder, los acontecimientos negativos no se presentan de forma aislada, sino que se acompañan de forma sucesiva unos tras otros. Robby, el alma del grupo alcanza la edad de retiro y con su partida, el brillo refulgente de Menudo comienza a desmerecer.

La compañía discográfica RCA, anunció la cancelación de su contrato con Menudo. La agrupación no llenó las expectativas que hicieron posible el millonario contrato. Carlos Villa y Alejandro Monroy, personajes cuyos nombres tal vez resultaban desconocidos para el público, pero cuya labor tras bastidores era de importancia fundamental en lo relativo a la composición de los temas musicales, la confección de sus arreglos y la producción de los discos en los inicios de la agupación, fueron sustituidos por nuevos compositores y arreglistas. La imagen del grupo, uno de sus mayores activos, fue alterada drásticamente. De aquella imagen refrescante, alegre e incluso inocente, ya no quedaba nada. Los integrantes lucían cabellos largos, lentes de contactos de colores y poses amenazantes en sus fotos. Su vestimenta adquirió un carácter sombrío en la que se destacaban los colores oscuros, el cuero y estampados de pieles de animales, con cadenas y mahones ("jeans") rotos. Y su música se tornó más agresiva. Sin lugar a dudas, la fórmula extraordinaria que tantos éxitos brindó, había sido trastocada por completo.

Edgardo, cual genial ilusionista, mantuvo vivo de forma artificial al producto de su invención empresarial por unos cuantos años más. Al anunciarse la determinación de RCA, Edgardo, de inmediato, reinició acuerdos con las compañías discográficas que anteriormente habían distribuido sus productos, entre éstas, *Melody* con origen en México y con otros sellos independientes.

Con Rubén Gomez, grabaron el disco **Somos los hijos del Rock** en cuya carátula se pueden apreciar los cambios en su imagen. En lugar de Alejandro Monroy y Carlos Villa, estaría a cargo de la producción musical Pedro "Papo" Gely. Esta producción con un sonido más actualizado y agresivo, incluía los temas *Mi sombra en la pared* y *Cuando seas grande*, compuestos por el cantautor de "rock" español, Miguel Mateos. Estos temas habían sido grabados anteriormente por varios intérpretes y convertidos en éxito en Argentina y otros países. De este álbum se realizó una versión en inglés, la que se denominó **Sons Of Rock**.

Un elemento adicional en la lista de hechos y acontecimientos que anunciaban la decadencia del quinteto, fue la decisión de Edgardo en **1988** de declarar en quiebra a Padosa, la compañía que fundó y con la que le dio vida a Menudo. Esta aparente quiebra condujo a Edgardo a vender los derechos de Menudo a una empresa panameña de nombre Beresford Finance, bajo la administración del señor José Antonio Jiménez, de quien más adelante hablaremos con detalles. Curiosamente, Díaz permaneció como director artístico del grupo, bajo las condiciones establecidas en este contrato. Posteriormente, Menudo pasaría a otra empresa, conocida como Vanxy, Inc., también panameña y de socios desconocidos, pues a preguntas de la prensa sobre quiénes dirigían las operaciones de esta supuesta compañía, Edgardo expresó no tener autorización para revelar sus nombres. Como los misterios de las serie de dibujos animados, *Scooby Doo*, Vanxy, Inc. y sus administradores fantasmas continúan hasta el día de hoy como propietarios del nombre y derechos de Menudo, según alegara el propio Edgardo en días recientes.

En **1988**, Raymond Acevedo renunció al quinteto por razones no del todo claras, las que trascenderían a la luz pública más adelante y ocasionarían una controversia de grandes proporciones. Su sustituto fue **Robert Avellanet**, quien se convirtió en el integrante número veinte del conjunto. Este mismo año grabaron la producción **Sombras y figuras**, que obtuvo un *Disco de Platino* en menos de cuatro semanas por sus ventas.

Al año siguiente, le tocó el turno de decir adiós a Ricky Martin. Su salida no obtuvo mayor trascendencia. En aquel momento, difícilmente se hubiese podido presagiar el futuro espectacular que le esperaba a este joven intérprete, quien se convertiría en una de las más grandes glorias que ha dado Puerto Rico.

En **1989**, el grupo le dio la bienvenida a **Rawie Torres**. Tras su llegada, se lanzó al mercado el álbum **Los últimos héroes**, producción que coincide con el inicio de una miniserie televisiva de igual nombre. En unión a Robert, Sergio, Rubén, Rawie, Angelo, los conocidos actores venezolanos Mimi Lazo y Carlos Oliver protagonizaron la serie. Con motivo del lanzamiento del álbum, Menudo inició una extensa gira por Suramérica. A pesar de que ninguno de los temas incluidos en la producción *Los últimos héroes* era en idioma inglés, en verano de este mismo año, el quinteto también emprendió una exitosa gira a través de los Estados Unidos, que abarcó 40 ciudades.

El cariño y el favor del público venezolano que Menudo cultivó y desarralló durante sus primeros años, continuó rindiendo frutos. El 14 de mayo de 1989, la ciudad de Caracas se extremeció. La causa no fue un terremoto, sino la presentación del quinteto puertorriqueño en el prestigioso Poliedro de la capital venezolana ante 15 mil histéricas jovencitas. La proliferación de desmayos fue tal, que muy bien pudo haber establecido una marca para el libro de Guinness. Según los partes de prensa, las chicas se desmayaban en tal cantidad y tan seguido, que el centenar de hombres a cargo de la seguridad del evento, no daba abasto para sacarlas con prontitud. Las autoridades venezolanas reportaron sobre 400 personas desmayadas a las que hubo que brindar atención durante el concierto. La conmoción fue tal , que llevó una vez más a comparar los conciertos del quinteto con las presentaciones realizadas en público por Los Beatles y hasta por Elvis Presley.

Tras la salida de Ralphy Rodríguez, ingresó al conjunto **Angelo García**, un talentoso jovencito con gran dominio vocal y del inglés. Sin embargo, a pesar de su notable talento, su estancia en Menudo no se prolongó mucho, principalmente por razones similares a las de Raymond. En aquel momento, tampoco se dio a conocer toda la versión acerca de su renuncia. **César Abreu** llegaría al quinteto para ocupar la posición dejada por Angelo.

La composición del conjunto se alteró aún más al abrir espacios para la llegada de integrantes de otras nacionalidades.

Es así que en **1990**, ocupó el lugar de César, el primer integrante extranjero, el mexicano **Adrián Olivares** con quien grabarían la novela "Menudo, Manía" y posteriormente el elepé **No me corten el pelo**. Luego de esto, Menudo no volvería a ser una agrupación netamente boricua. Por lo contrario, se convertiría en un grupo con integrantes de diferentes orígenes. Posiblemente, Edgardo comenzaba a percatarse de que como todo en la vida, Menudo tenía que evolucionar. Los tiempos habían cambiado y él tenía que cambiar a la par con el tiempo. Si esta decisión era la tabla de salvación para Menudo, o si por el contrario representaba la estocada final, dentro de muy poco se sabría.

LA DEBACLE FINAL

En noviembre de **1990**, se suscitó uno de los más recordados incidentes de la historia de esta mega-agrupación. Procedentes de México, Robert, Rawie, Adrián, Sergio y Rubén hacen escala en el Aeropuerto de la ciudad de Miami. De inmediato, Rubén y Sergio fueron arrestados por agentes, quienes les detectaron la presencia de sustancias controladas. Se les encontró en su posesión una pequeña cantidad de marihuana a ambos jovencitos. Este lamentable incidente estremeció de forma definitiva los cimientos, la propia esencia del grupo y la percepción de estos ante el público que los idolatró. Las cosas nunca volverían a ser iguales. La crisis era evidente. La "menuditis" estaba al borde de una debacle total. Este incidente marcó el inicio de su fin.

Menudo ya había cumplido su ciclo, de principio a fin. Había alcanzado el cénit en su carrera. No sólo se convirtió en el quinteto de mayor fama y renombre a nivel local e internacional, sino que obtuvo los logros más significativos en la vida de un artista. Estos jovencitos llegaron hasta Hollywood, firmaron contratos millonarios como el de RCA y Pepsi, grabaron videos para **MTV**, departieron con Michael Jackson y las más famosas estrellas internacionales. Como si fuera poco, visitaron lugares tan remotos como Nueva Zelandia, Suráfrica, Australia, Filipinas y Japón y hasta el Presidente de los Estados Unidos, les recibió en la Casa Blanca. Después de todo esto, ¿qué más podía hacer Menudo? El era su propio estándar. Entonces, éste era el momento de ponerle fin al quinteto y transformarlo en una leyenda.

Sin embargo, como cualquier padre que se resiste a ver morir a su hijo, Edgardo se negó a aceptar la muerte de Menudo y alargó de manera artificial su vida. Es así como llegan al quinteto el boricua **Edward Aguilera** y el segundo extranjero, **Jonathan Montenegro**, de nacionalidad venezolana, para llenar el espacio que dejaron inesperadamente Sergio y Rubén.

Pocos meses después, ocurriría el rompimiento del grupo y el desencadenamiento de una marejada de polémicas y acusaciones, algunas de las cuales continúan hasta el día de hoy sin respuesta definitiva.

A pesar de todas estas vicisitudes, Edgardo hizo un último intento. Reorganizó el quinteto con niños provenientes de diferentes nacionalidades y residentes en Miami. Por primera vez en la historia de esta agrupación, no la integraba ni un sólo puertorriqueño. Los logros de esa nueva conformación fueron de menor impacto cuando se comparan con la larga cadena de triunfos alcanzados por el grupo en sus años de esplendor.

En 1997, sin mayor trascendencia pública y por decisión de su propio creador, el nombre de Menudo desapareció del panorama artístico para dar vida a una nueva conformación: **MDO**. A pesar de este desenlace tan poco glorioso, nadie puede negar que Menudo brilló y destelló con una intensidad y con un lustre jamás alcanzado hasta ese entonces, e incluso tampoco igualado en la actualidad. Por espacio de más de una década representó lo mejor de nuestra juventud y llegó a lo más íntimo de las aspiraciones y de los sentimientos de toda una generación de jóvenes y adolecentes de todas partes del mundo.

Este sentimiento nunca desapareció. Por lo contrario, se mantuvo presente en los corazones de una generación que creció junto a él. Muy pronto y de manera inesperada, un acontecimiento marcaría un nuevo comienzo y la resurrección de ese fenómeno: **El Reencuentro**

Menudo en 1989. La vestimenta que tanto los distinguió había sido alterada por completo. La imagen lucía más agresiva.

Angelo, Robert, Sergio, Rawie y Rubén. Era evidente el cambio de imagen que lucía el conjunto.

Una de las últimas fotos del grupo, antes de la salida abrupta de Sergio y Rubén. (de izquierda a derecha) Robert, Sergio, Rawie, Rubén y el mexicano Adrián junto a ejecutivos de su casa discográfica.

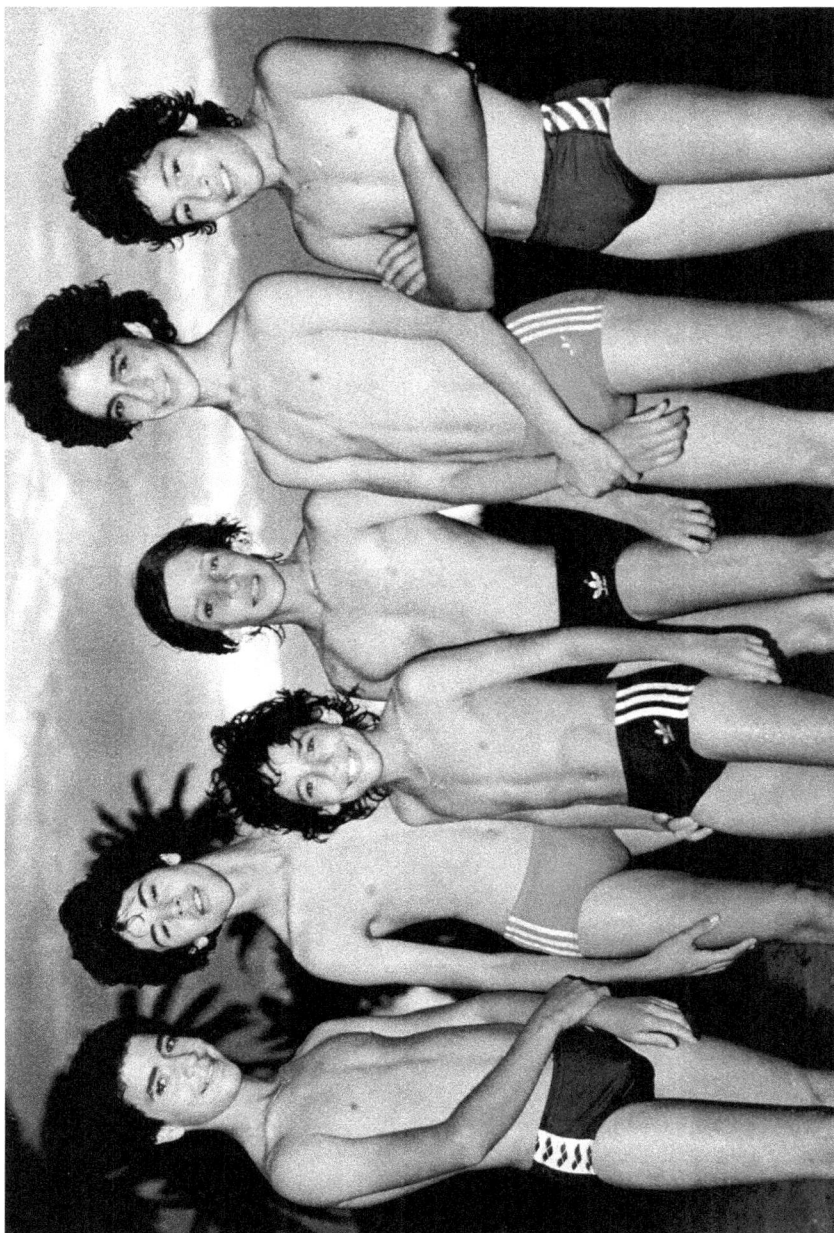

En 1980, Johnny (sexto de izquierda a derecha) llega para ocupar la posición de Carlos (primero de izquierda a derecha).

El quinteto llegando a Brasil, donde causaron una gran conmoción.

Robby saluda a las miles de fanáticas que bloqueaban las calles alrededor del hotel donde se hospedaba el conjunto.

Definitivamente el talento era lo que distinguía a Robby.

Menudo también conquistó a Italia. Aquí posan frente al Coliseo Romano.

Durante su visita a Japón en 1984.

El arraigo en Japón fue tal, que obtuvieron el Premio Oro del Tokyo Music Festival por su tema Explosión.

Menudo en 1985.

(a favor de las manecillas del reloj) Robby, Sergio, Ricky, Charlie y al frente: Raymond en 1986.

En 1991 se reconstruye el quinteto con jóvenes de diferentes nacionalidades. Ninguno de estos era puertorriqueño.

La última etapa de Menudo.

En 1997, Menudo se transformó en MDO.

EL ESCÁNDALO DEL "CASO MENUDO"

De todos los capítulos de este libro, el que nos ocupa resultó particularmente difícil de desarrollar. Los temas que en él se examinan, las versiones encontradas que se emitieron sobre los hechos en él analizados, así como la propia complejidad de la naturaleza humana y de las personalidades que protagonizaron los mismos, hacen que las interrogantes que subsisten sean mucho más extensas y complicadas que cualquier explicación simplista que pudiera ofrecerse sobre el particular. Lo que comenzó como una mera controversia económica o salarial, desencadenó una trama escalofriante de acusaciones y contracusaciones que van desde alegaciones graves de incumplimientos contractuales que rayan en fraude, hasta supuestos actos de maltrato infantil y abuso sexual. Dentro de este marco complejo de alegaciones que nos sirve de referencia y que a la vez nos impone serias limitaciones, debemos enfatizar que en modo alguno pretendemos emitir un juicio valorativo o concluyente sobre los acontecimientos que trascendieron a la luz pública en el año de 1991 y que en gran medida motivaron el rompimiento del grupo musical más importante de América. La información que compartiremos con ustedes fue previamente revisada, analizada y corroborada. Dentro de las limitaciones inherentes a la propia naturaleza de la controversia que abordamos en este capítulo, hemos intentado brindarles la más completa, significativa y balanceada información, para que sea usted, quien emita su propio juicio valorativo, y a su vez, establezca su mejor criterio. Nuestro objetivo simplemente es bridarle las herramientas para que usted llegue a sus propias conclusiones.

Como bien dice el refrán popular, inmortalizado en aquella célebre canción del maestro puertorriqueño Willie Colón, "Todo es, según el color del cristal con que se mire". Definitivamente, todo en la vida es relativo. La verdad, la mentira, lo bueno y lo malo, también es relativo. Respecto a los hechos que de inmediato procederemos a examinar, la administración de Menudo tiene su versión y los ex-integrantes, sus padres y los relacionados con ellos ofrecen otra. Cada uno de los protagonistas de esta historia, posee razones particulares que le motivaron a actuar de la manera peculiar en que lo hizo. Cada uno de los involucrados es tan humano como nosotros. Así, que a la hora de juzgar, debemos tener presentes las palabras sabias de Jesucristo: "Aquel que esté libre de pecado que lance la primera piedra".

SE ENCIENDE LA CONTROVERSIA

Tras la salida abrupta de Sergio González y Rubén Gómez, en noviembre del 1990, los escándalos y controversias no cesarían para Menudo. Con este incidente se inició el catálogo de acontecimientos que colapsaría la imagen intachable que distinguía a la agrupación. Ambos jóvenes fueron detenidos por las autoridades en el aeropuerto de la ciudad de Miami, luego de encontrarles en su posesión una pequeña cantidad de marihuana.

Aunque para los miles de seguidores de la agrupación, este incidente resultó una noticia desgarradora y totalmente inesperada, para otros, no hubo tal sorpresa. La manera en que se efectuó la intervención y detención de los dos jóvenes, así lo ilustra. Antes del arribo del conjunto al aeropuerto de Miami, una brigada de agentes antinarcóticos acompañados con canes amaestrados se encontraba en estado de alerta. Tan pronto la agrupación hizo su entrada al terminal, los agentes dirigieron sus canes directamente hacia las personas de Sergio y Rubén y le ocuparon la droga, en señal clara y evidente de poseer conocimiento previo de la situación. Pero, los efectivos antinarcóticos no eran los únicos que estaban a la espera. Los medios de comunicación también se encontraban presentes y al ocurrir los arrestos reseñaron los mismos con amplio despliegue. Ciertamente, Menudo, como tantas otras veces había hecho su entrada a un escenario y ante un público que ansioso esperaba. Sólo que en esta ocasión, los protagonistas a diferencia de los espectadores, no tenían conocimiento del espectáculo en el que habrían de participar.

Cuando en la mente del público comenzaba a desvanecerse este incidente, otro más serio aun, estaba en gestación. En la mañana del 4 de abril de 1991, una noticia insólita acaparó súbitamente los titulares. Un comunicado emitido la tarde anterior por la Agencia internacional de noticias EFE, puso en vigilia a todos los medios de comunicación. El cable informaba que cuatro de los integrantes de Menudo abandonaban la organización al ser retirados por sus padres. Estos eran Robert, Rawie,

Jonathan y Edward. Según una fuente de esta agencia, la decisión fue provocada "por motivos económicos y relacionados con el trato que recibían los artistas". Los detalles y razones para esta renuncia serían ventilados en una conferencia de prensa convocada por los cuatro dimitentes para la 1:00 de la tarde del día siguiente, según informó el licenciado Carlos Feliciano, asesor legal de los jóvenes, mediante llamada telefónica a la redacción de algunos medios.

La misma noche en que se emitió el comunicado que informaba la salida de estos integrantes, el noticiario de una de las principales televisoras de Puerto Rico mostró imágenes visuales donde aparecían los cinco jóvenes del conjunto, junto a sus padres y asesores legales, saliendo de un local en donde aparentemente habían celebrado una reunión. Ninguno de los miembros de la agrupación emitió declaraciones ante las cámaras, excepto Adrián Olivares, quien se limitó a señalar que "mañana a la 1:00 de la tarde lo sabrán todo". Curiosamente, este joven fue precisamente el único de los integrantes que no abandonó a Menudo. Sin embargo, en ese momento, a sólo horas del anuncio formal de la salida de los integrantes, por las propias expresiones de este joven, tal parecería que él también estaba de acuerdo con lo que se informaría a la prensa al día siguiente y que él además, formaba parte del grupo dimitente. Como veremos más adelante, la participación real de Adrián Olivares en toda esta controversia, es una de las grandes interrogantes que aún queda por esclarecer.

Si hasta aquí las circunstancias que rodeaban la salida de los jóvenes eran opacas, las mismas se tornarían más confusas aun. De forma contemporánea al anuncio de la salida y de la citación a la conferencia de prensa por los dimitentes, otra información también de naturaleza controvertible con respecto a Menudo trascendió a los medios de comunicación, pero esta vez a iniciativa de la propia empresa administradora del conjunto. Alrededor del mediodía del 3 abril de 1991 (día anterior a la renuncia), Beresford Finance, la empresa propietaria de Menudo, alegó haber informado el despido y separación definitiva del grupo del integrante Edward Aguilera. Según la versión de la empresa, esta decisión se le notificó el mismo día a la madre del joven, Isabel Enchautegui, mediante una carta que indicaba que "el menor Edward Aguilera se encontraba hasta esta mañana en período probatorio, de conformidad con la cláusula 2, inciso A". La carta añadía que: "por este medio tengo a bien informarle que luego de un ponderado análisis del menor, Beresford ha llegado a la conclusión de que éste no ha llenado las expectativas que teníamos y, por ende, estamos dejando sin efecto el contrato".

Al darse a conocer el despido de Edward, la prensa indagó con la administración de Menudo, acerca del anuncio de varios de los integrantes de abandonar el grupo. José Antonio Jiménez, presidente de Beresford Finance, la empresa propietaria de Menudo, a través de su Directora de Relaciones Públicas, Helga García, indicó que había hablado personalmente con algunas de las madres de los jóvenes y, que en ese momento, habían negado la información sobre la renuncia. "Por ende, Beresford no tiene otra reacción más que la de esperar a mañana para cuando estaremos ofreciendo una rueda de prensa, una vez recopilada mayor información". De manera estratégica, la conferencia de prensa a la que hizo referencia el Sr. Jiménez fue pautada para las 3:00 de la tarde del día siguiente, o sea, dos horas después de la conferencia anunciada por los integrantes que alegaban haber renunciado al conjunto. De esta forma, ganarían tiempo y ventaja para conceptualizar las respuestas con las que reaccionarían y por consiguiente, contrarrestar las declaraciones de la otra parte.

Jiménez, también abundó en su declaración a la prensa que "el retiro de uno, dos o cinco integrantes no terminaría con el esfuerzo y dedicación que Menudo ha mantenido durante 14 años; Menudo es más que una persona, Menudo es la juventud". Este caballero no estuvo muy lejos de la realidad, pues el conjunto llegaría, aunque con mil tropiezos y casi sin aliento, a cumplir sus 20 años.

En vista de las comunicaciones cursadas a los medios, tanto por la administración de Menudo, como por los integrantes del conjunto y sus representantes, varias interrogantes importantes se suscitaron. Entre ellas, podemos mencionar las siguientes: ¿Cuáles eran las expectativas que no habían satisfecho los jóvenes artistas que justificaba la imposición de sanciones por parte de la administración? ¿Desde cuándo existían estos problemas y porqué nunca antes habían trascendido de esta manera a la luz pública? ¿Formaba parte de la política empresarial de Menudo el antender asuntos tan delicados como estos, mediante el envío a un periódico de copia de la carta dirigida a la madre del integrante en donde se le informaba la acción tomada? ¿No sería la imposición de estas medidas disciplinarias y su anuncio a la prensa, una estrategia de la administración de Menudo para adelantarse al anuncio de la dimisión voluntaria de los integrantes y así aminorar los daños a la imagen del conjunto? Del otro lado, ¿no sería el anuncio de la salida del grupo por parte de varios de sus integrantes, una reacción de unos jóvenes molestos e incluso malcriados, ante la imposición de disciplina por un comportamiento indebido? ¿Por qué si estos jóvenes y sus padres consideraban que se les habían faltado a los compromisos económicos acordados, nunca antes habían exigido su cumplimiento? ¿Por qué, si según se alegó más adelante, se había abandonado la educación de los jóvenes, sus padres toleraron tal situación?, cuando ésta es una de las mayores preocupaciones de cualquier padre con respecto al bienestar de sus hijos.

En los párrafos a continuación, procedemos a considerar éstas y muchos otras interrogantes relacionadas. Para algunas existen contestaciones lógicas, racionales y bien fundamentadas, para otras, la explicación ofrecida, lejos de aclarar la situación suscita a su vez mayores interrogantes, en ocasiones aun más serias que las planteadas inicialmente.

LAS DOS VERSIONES

Todo el país estaba a la expectativa de lo que tendría que decir cada una de las partes y de las razones tan poderosas que motivaron una decisión tan drástica en la vida de estos jovencitos y la que sin lugar a dudas, acarrearía repercurciones serias sobre el futuro de una organización tan querida y respetada mundialmente. Las razones debían ser de gran peso. De lo contrario, nada de lo que estaba ocurriendo tendría sentido. Sin embargo, tras la celebración de ambas conferencias, las explicaciones resultaron insuficientes y las interrogantes en vez de despejarse, se acrecentaron .

La primera de las ruedas fue la convocada por las madres de los integrantes que alegaban haber renunciado al grupo. Estas estuvieron acompañadas por los jóvenes y sus asesores legales, los licenciados Carlos Feliciano y Roberto Sueiro. La actividad, celebrada en el Colegio de Abogados de Puerto Rico, fue iniciada por los representantes legales de los padres, quienes se dirigieron a la prensa. Por instrucciones y recomendación de estos, los cuatro integrantes y sus madres permanecieron en silencio absoluto durante la conferencia. Los licenciados Sueiro y Feliciano leyeron a los presentes la carta de dimisión que fue enviada a los propietarios de Menudo. En ésta presentaban su renuncia formal y exponían las razones de la misma. Entre los puntos discutidos en la misiva, resaltaron que entre las razones que motivaron la renuncia se encontraba, "el maltrato físico, mental y emocional del cual habían sido objeto los jóvenes por parte de José A. Jimenéz, Presidente de Beresford Finance, Inc., y por Edgardo Díaz, representante artístico del grupo".

En la comunicación también se acusaba a los empresarios de haber "faltado a la indelegable obligación de proveer a los niños una adecuada educación". En relación a este punto, los periodistas cuestionaron de forma incisiva a los jóvenes y específicamente a Robert y Rawie, sobre unas expresiones alegadamente vertidas por estos hacía un mes atrás en una conferencia de prensa celebrada en el Hotel Caribe Hilton y relacionada con su más reciente presentación en Puerto Rico, en la cual habían manifestado su satisfacción con la educación que recibían y con los métodos de enseñaza del profesor Eduardo Fraguada. En aquella ocasión, los jóvenes habían expresado que se sentían muy satisfechos con la educación que habían estado recibiendo; que tomaban clases cuatro veces a la semana; que se sentían preparados y que, de hecho, luego de esa conferencia se trasladarían a tomar sus clases del día. Ahora sin embargo, la versión era otra. Tanto los abogados, como los cuatro jóvenes, negaron haber hecho tales expresiones en aquella conferencia.

En la comunicación cursada, se alegaba que los jóvenes: "tampoco habían recibido la atención médica en momentos de necesidad". Así también, sostuvieron que "había ocurrido una violación flagrante de los acuerdos contractuales existentes relativos a la forma de pago y contabilidad del ingreso derivado de los compromisos artísticos". Sobre este particular, señalaron además, que "no se les había mostrado un desglose detallado de los activos de la corporación".

Los periodistas preguntaron acerca de la ausencia en la conferencia del otro miembro del grupo, el mexicano Adrián Olivares. Los abogados señalaron que la madre de éste les había indicado que iría a México "a consultar con sus abogados". Cuando los representantes de la prensa intentaron profundizar sobre las acusaciones lanzadas contra la administración del conjunto, la respuesta que se reiteraba una y otra vez, era: "no podemos comentar sobre eso". Incluso, según publicara el periódico El Nuevo Día de Puerto Rico, en un instante en que Rawie se dispuso a responder a un periodista, el licenciado Sueiro lo agarró por el hombro y le instruyó que no comentara nada.

Dos horas despúes de finalizada la conferencia de los cuatro ex-integrantes y sus padres, el panameño José Antonio Jiménez, propietario de Menudo, Edgardo Díaz, manejador del grupo y su representante legal, el licenciado Orlando López refutaban lo dicho por estos. En su presentación a la prensa, la administración de Menudo, tenía una estrategia clara, el establecer el profesionalismo de la organización y el atribuir cualquier responsabilidad por la controversia surgida a los propios integrantes que alegaban haber renunciado.

En cuanto a las denuncias por "no haber recibido atención médica en momentos de necesidad", Edgardo Díaz citó dos incidentes recientes en donde destacó los cuidados del que habían sido objeto Jonathan y Edward, cuando contrageron hepatitis. Díaz aseguró que en el importante "Carnaval de la calle 8" de Miami sólo pudieron asistir tres de los miembros. Los otros dos, por la efermedad contraída no pudieron estar presentes y se les relevó responsablemente de sus compromisos musicales hasta que el médico los dio finalmente de alta.

Cuando se les preguntó sobre los señalamientos que hicieron los abogados de los dimitentes relacionados a una supuesta violación al contrato sobre la forma de pago, el licenciado López, negó tales alegaciones. Indicó que a los miembros del grupo se les informaba de las ganacias de cada espectáculo y se les pagaba el porciento aplicable (la situación de Rawie y Robert) o los sueldos correspondientes (los casos de Adrián, Edward y Jonathan) según lo estipulado. El Sr. Jiménez aseguró además, contar con evidencia para sustentar las aseveraciones vertidas. Pero, destacó que " en ningún lugar del contrato se especifica que tenemos que darle cuentas de nuestro estado financiero. Solamente les señalamos lo relacionado con los espectáculos".

A renglón seguido, Jiménez manifestó estar sorprendido como todos con lo sucedido, pués el domingo en la noche había compartido con los padres de los niños "de forma muy amena y todo fueron [sic] besos y abrazos cuando nos despedimos. Fue un shock para mí". Entonces la administración de Menudo de acusado, pasó a asumir el papel de acusador al indicar, que a raíz del incidente en donde dos de los integrantes habían sido detenidos con marihuana en su poder, "existe una mayor disciplina para beneficio de ellos y de la organización". Según Jiménez, ahora a los jóvenes se "le controlaba más el acceso de otras personas" y explicó que durante las presentaciones que recientemente el grupo efectuara en el Hotel Caribe Hilton, se les asignaron habitaciones a todos los niños con sus respectivas madres.

A renglón seguido, tomó la palabra el licenciado López para refutar que la supuesta renuncia de cuatro integrantes del grupo, sólo se trataba de dos. Pues como indicáramos antes, con respecto a Edward Aguilera, el día anterior se le había notificado a su señora madre que no había aprobado el período probatorio, por lo que el niño quedaba fuera del grupo. Sobre el alegado fundamento de esta decisión, Edgardo Díaz explicó que éste era un criterio artístico que también incluía la conducta y disposición del niño para el trabajo.

En cuanto al otro supuesto renunciante, el venezolano Jonathan Montenegro, el licenciado López recordó que un par de semanas atrás había viajado a Venezuela para reunirse con la abuela del niño. Señaló que la señora entendía que Jonathan era una estrella antes de entrar a Menudo, con ofertas de España y de toda América y que, por lo tanto, no se le podía dar el mismo trato que "al resto de los otros cuatro niños oscuros que componían el grupo". A estas expresiones el Lcdo. López alegó haber replicado que "Menudo era una fórmula mágica de catorce años que había funcionado porque no tiene estrellas, porque la única estrella es el concepto. Si la hubiera; la única estrella se llama Edgardo Díaz, su creador". Por eso, sostuvo que su recomendación había sido que no se firmara contrato con este jovencito.

Para concluir con su versión de lo sucedido, los administradores de la agrupación aseguraron que el integrante Adrián Olivares había partido hacia México con su madre para tomar unas vacaciones. Según los voceros de Menudo, ellos mismos los llevaron al aeropuerto y tanto la madre del niño, como éste, les manifestaron que el joven continuaría en la agrupación. Egardo Díaz indicó además, que la noche anterior, el menor y su señora madre, habían dormido en casa de Jiménez. Las versiones sobre la permanencia de Olivares en la agrupación fueron variadas. Incluso, hay quienes han comentado que esta permanencia fue "muy bien reciprocada". Más adelante, uno de los renunciantes, Rawie Torres ofrecería su versión, la que añadiría algunas respuestas a las muchas interrogantes sobre la permanencia de Adrián en el grupo.

Como cierre a la presentación, se escuchó la enérgica afirmación del licenciado López, al efecto de que: "Menudo no es de las madres de los niños, ni de nadie, es obra creativa de un puertorriqueño. Menudo pertenece a su fanaticada. Un golpe de mezquindad, de avaricia, de hipocresía y de pocavergüenza no va a acabar con Menudo".

La estrategia de la administración de Menudo era clara, lucir seguros y confiados de que en todo momento habían actuado correctamente, que eran objeto de ataques injustos e interesados y que no iban a ceder a los caprichos de tres o cuatro madres. La determinación de seguir hacia adelante, como si nada irregular hubiera pasado quedó establecida, al aprovechar la oportunidad para dar a conocer el teléfono al que podían llamar todos los interesados en audicionar para formar parte de la nueva conformación del quinteto.

Como se desprende de los hechos antes expuestos, en la estrategia adoptada por la administración del conjunto, el licenciado Orlando López fue pieza instrumental. A éste correspondió lanzar una ofensiva demoledora para destrozar la credibilidad de los jóvenes renunciantes y la de sus padres haciendo parecer a los primeros, como unos adolecentes malcriados e indisciplinados y a sus padres, como un grupo de interesados y malagradecidos. Esto permitió que Edgardo Díaz, pudiera asumir una postura sosegada y así, desempeñar más cómodamente el papel de víctima de los acontecimientos. Si la versión oficial no convencía por completo a todo el mundo, al menos sembraba dudas sobre la ofrecida por los ex-integrantes y sus padres. Menudo, por encima de cualquier otra cosa, era un fenómeno de las relaciones públicas y del mercadeo. En un momento de crisis como en el que ahora se encontraba, la fórmula no iba a variar.

Expectación continua y tensión creciente, es tal vez la mejor descripción de los días que sucedieron al anuncio de las revelaciones. En todos los rincones no se hablaba de otra cosa que no fuera de lo que la prensa denominaría como **El caso Menudo**. Los medios de comunicación y sobre todo el público, continuaban sin entender lo que sucedía. Las interrogantes se sucedían una tras otra. Una cosa era cierta:

la imagen de Menudo había sido estremecida ante los ojos del mundo y cuatro jovencitos se encontraban en la mirilla de todos. Si por esos días se hubiese anunciado un desastre atmosférico de gran magnitud, seguramente hubiese llevado por nombre Menudo. La imagen, no es del todo exagerada, pues la intensidad de la controversia llegó a ser comparada por los reporteros que informaban las condiciones del tiempo con la de una tormenta de grandes proporciones.

La noticia trascendió a casi todos los países que conocían a Menudo. La prensa internacional buscaba respuestas con gran interés. Un periodista del "Diario La Prensa" en Nueva York, quien investigó las denuncias y acusaciones, resaltó que en España, Estados Unidos y Latinoamérica, lugares todos ellos donde Menudo alcanzó logros indiscutibles, la controversia repercutió con mayor intensidad que en Puerto Rico. Esto, es mucho decir.

La curiosidad de los fanáticos y aun de los que no lo eran, alcanzó niveles gigantescos. Aquellos seres extraños y escasos, que hasta ese entonces no se hubieran enterado de quién era Menudo, ahora conocían su existencia.

EL DEBATE EN LOS MEDIOS

Los cuatros ex-integrantes emprendieron una serie de visitas a los principales programas de televisión de Puerto Rico para ofrecer su versión de los hechos. Primero, fueron anunciados en el programa del productor y conductor puertorriqueño Héctor Marcano, llamado *Marcano el Show*, en el canal 2 de Telemundo en Puerto Rico. Este programa de variedades guardaba gran similitud con el programa de Arsenio Hall, el cual se transmitía en aquel entonces por la cadena norteamericana FOX.

Luego de que la comparecencia de los ex-Menudos, se anunciara extensa y repetidamente, el público se quedó con los deseos de verlos. ¿La razón?, a alguien de la producción se le ocurrió invitar a Edgardo Díaz al mismo programa. Al encontrase en medio de una controversia con serias repercusiones legales, los abogados de los renunciantes les instruyeron que cancelaran su participación en el programa. Por supuesto, esto nunca se explicó al público. Pero, a la prensa este detalle no se le escapó. Edgardo Díaz asistió al programa y de forma somera conversó sobre algunos puntos. Con su talento característico, logró desviar el tema y convertirlo en otra oportunidad de relaciones públicas para dar a conocer sus próximos planes con Menudo.

Ante este movimiento astuto de parte de Edgardo, los ex-integrantes optaron por acudir al programa competidor de Marcano, en otra de las televisoras de Puerto Rico. El versátil productor y animador, Silverio Pérez les brindó foro en su programa *En serio con Silverio*, el que se transmitía todos los viernes a través de las ondas del Canal 4 de Wapa Televisión. En esta ocasión, Robert, Rawie, Edward y Jonathan expresaron de manera parca su sentir, y hablaron sobre sus planes futuros, los que incluían el organizar una nueva agrupación. En términos de la controversia en la que se encontraban estos jóvenes, cabe preguntarse qué objetivo cumplía o intentaba alcanzarse con su participación en este programa. Una vez reveladas al público sus acusaciones y quejas contra la administración de Menudo, lo que restaba era el establecer la veracidad de las mismas ante el foro adecuado. En ese sentido, cualquier comparecencia pública constituía un riesgo innecesario de entrar en contradicciones o peor aun, de revelar información vital para el establecimiento de su caso, la que podía entonces tergiversarse o neutralizarse por sus opositores. Además, estos jóvenes estaban arremetiendo contra Menudo, quien después de todo era una de las instituciones más fuertes y prestigiosas de Puerto Rico y del mundo.

Su comparencencia al programa resultó ser una muestra de su inexperiencia y carencia de una estrategia definida a la que atenerse. En contraposición a Egardo Díaz, para quien cualquier compareciencia o ausencia, no era producto de la improvisación, sino el resultado de una fría consideración y aplicación estricta de unos objetivos previamente trazados y definidos. Definitivamente, se encontraban en una batalla desigual de competidores y en esta primera fase de la controversia, Edgardo y Menudo habían podido salir airosos en términos generales. Pero, las cosas cambiarían y la situación se tornaría mucho más difícil para la organización de Menudo.

Hasta esta etapa de los acontecimientos, todo se circunscribía a cuatro jovencitos y su padres, que disgustados con el trato y compensación económica que recibían por su trabajo en el conjunto, decidieron renunciar de golpe y simultáneamente. Este último detalle es lo que convertía una situación de relativa normalidad, en un asunto de mayor relevancia. Hasta aquí las declaraciones y expresiones de las partes eran cuidadosas y hasta cierto punto conservadoras. Sin embargo, dentro de poco se abriría la "caja de Pandora".

Esto ocurrió cuando la periodista Carmen Jovet entró en el panorama. La Sra. Jovet es una de las periodista de más renombre en Puerto Rico, quien se ha distinguido por su valentía y determinación al descubrir lo que otros deciden obviar. De carácter fuerte y firme en su trabajo, esta periodista ha sido elogiada por muchos, pero también criticada por otros, que sostienen que su misma pasión la lleva a identificarse demasiado con ciertos temas que cubre. Para el tiempo en que trasciende a la luz pública el "Caso Menudo", Jovet producía y conducía en el Canal 7, un programa tipo "talk show", similar en su formato al de Cristina y Oprah Winfrey, con el nombre de **Controversial**.

Por ser el "Caso Menudo" de naturaleza en extremo controversial, esta incisiva periodista no podía quedar ajena al mismo.

El jueves, 9 de mayo de 1991, la llamada "mujer noticia" de Puerto Rico, una vez más hizo honor al nombre con el que se le conocía en los medios del país y al título de su programa, "Controversial". Esa noche, la conocida reportera transmitió en vivo un programa especial que trastocaba el asunto del llamado "Caso Menudo", bajo el lema **Escándalo en Menudo**. Para este programa se invitó al licenciado Roberto Sueiro, como portavoz de los integrantes que renunciaron; a los padres de Robby Rosa, Norberto y Sonia Rosa y al propietario de la tienda "Menuditis" en la ciudad de Nueva York, de nombre Bolívar Arellanos, quien según se alegara en varias ocasiones, realizaba labores periodísticas y guardó relación comercial con la administración del quinteto. Curiosamente, los cuatro jóvenes que iniciaron toda la controversia, fueron los grandes ausentes de la noche.

Carmen Jovet abrió su programa haciendo hincapié en que las declaraciones que se harían esa noche eran de fuerte contenido, por lo que sugería a los padres la supervisión de sus hijos a la hora de sintonizarlo. Es común que en un programa donde el tema gira en torno a la agrupación favorita de la juventud, seguida por niños y niñas, sea visto por miles de jovencitos, menores de dieciocho años. Por eso y sobre todo, por las declaraciones que pronto se efectuarían, esa advertencia era imprescindible.

La gran revelación de la noche la hizo el invitado Bolívar Arellanos con unas declaraciones sorprendentes, que provocaron un escándalo de grandes proporciones y el inicio de un complejo procedimiento judical. Antes de que iniciara sus declaraciones, Jovet le preguntó con mucha insistencia si estaba seguro del alcance de los señalamientos que haría y del daño que pudiera causarle a la reputación de las personas involucradas, en caso de resultar falsos sus comentarios. También, le cuestionó si se atrevería a jurar estas declaraciones ante un Tribunal. En ambas ocasiones, Arellanos se reafirmó e insistió en que desgraciadamente lo que revelaría era cierto.

Los comentarios vertidos por éste aludían a unos supuestos hechos que implicaban a los dirigentes de Menudo en la comisión de ofensas penales serias contra varios de los jóvenes que ya habían salido del grupo. Concretamente, Arellanos denunció un esquema de maltrato y abuso sexual y le imputó a Edgardo Díaz y al personal clave de la administración de Menudo, la comisión de una serie de delitos y actos inmorales.

Las expresiones que se vertieron en el programa se transcriben a continuación tal como se produjeron ese día para mantener la mayor objetividad posible, y para que ustedes lleguen a sus propias conclusiones. Las palabras textuales de Bolivar Arellanos, fueron las siguientes:

—Hubo un incidente en Japón. Edgardo Díaz quería violar a un niño Menudo. Este se escapó en el hotel golpeando las puertas de diferentes compañeros que estaban allí. Nadie le abría, hasta que llegó a la puerta de un muchacho que le salvó de ser violado.

Al escucharse la revelación, un silencio absoluto se apoderó del estudio. Algo que no suele suceder en los programas de este formato que se distinguen por sus acostumbrados debates entre los invitados y el público. Arellanos prosiguió con su sorprendente relato:

—Otro incidente en Venezuela: Un colaborador de Menudo entró por accidente al cuarto del señor Edgardo Díaz y lo encontró bocabajo con un Menudo, teniendo relaciones homosexuales.

Ante la seriedad de las imputaciones, la señora Jovet interrumpió a Arellanos e insistió en hacerle ver que si lo que estaba diciendo no era cierto, podría causar un gran daño a Edgardo Díaz.   Carmen es una veterana de los medios.   Como tal, sabía las repercuciones que unas acusaciones de esta naturaleza tendrían sobre una figura como Díaz. Más aun, con toda seguridad tenía presente las posibles repercusiones negativas en términos de opinión pública que podían resultar hacia su persona como consecuencia de lo que había permitido que se revelara en su programa. Al día siguiente, podía ser considerada la más valiente y responsable de las reporteras o por el contrario, en un instante perder toda su credibilidad. Para un periodista esto es fundamental; es lo más importante.

A la pregunta de Jovet, Arellanos afirmó con cierto nerviosismo, que no era él quien le hacía daño a Edgardo, sino que era el propio Edgardo quien le hizo daño a varios niños.

A esto, Jovet le cuestionó por qué esos niños no hablaron. Más adelante, Jovet recibiría la respuesta a esta última interrogante. Las revelaciones de Arellanos no habían concluído.

> —En Italia un niño se despierta cuando el señor Edgardo Díaz estaba acariciándole sus partes íntimas. Ese niño le dice: —con el perdón— [refiriéndose al público por las palabras soeces que citaría a continuación] "¿Qué carajo estás haciendo? Esto no es lo que a mi me gusta. A mi me gustan las mujeres y no los hombres. Tú te has equivocado conmigo. Yo se lo voy a decir a mis padres..." Por supuesto que el niño se lo dijo a sus padres.

Cuando el público estremecido en su asombro, pensaba que el relato había terminado, que no podía haber más en esta increíble historia de horror, nuevas revelaciones hicieron recaer nuevamente a los expectadores bajo el efecto silenciador de la consternación. Esta vez, dos nombres adicionales serían añadidos a su lista de acusados.

> —Otro incidente: Los tres personajes [Edgardo Díaz, José A. Jiménez y Orlando López] llevaron a la casa de Caguas, [la mansión que tenía Edgardo en la montaña de Caguas] a un grupo de niños, supuestamente para que audicionen... Como los niños están entrando y saliendo... se los llevaron para audicionar... Después, como se hizo un poquito tarde los invitaron a que fueran a la piscina a nadar. Después de estar nadando, se les invitó a tomarse [sic] unos tragos. Luego, les pidió [a los niños] que les dijeran [a sus padres] que se hizo muy tarde y no había quien les pudiese llevar... Y se quedaron con los niños, repartiéndose entre ellos, Orlando López, Edgardo Díaz... y el señor Jiménez se llevó un niño a su apartamento.

Esta no fue la primera ocasión en que este caballero hacía señalamientos de tal naturaleza. Anteriormente, el 22 de abril en la ciudad de Nueva York, Arellanos junto al ex-menudo Raymond Acevedo, su padre y el de Ralphy Rodríguez, habían efectuado una conferencia de prensa, en donde alegaron que 9 de los 25 integrantes que habían pasado por las filas del conjunto hasta ese momento, fueron objeto de abuso y hostigamiento sexual. En esta ocasión, Arellanos fue aun más lejos al sostener que a Edgardo Díaz le gustaban los niños porque al entrar a Menudo eran vírgenes. Como niños, los integrantes eran sanos de salud, lo que alegadamente permitía que Díaz, López y Jiménez tuvieran la confianza de que no serían infectados con el virus del SIDA, "razón por la cual los niños no tienen que ponerse en sus genitales los condones". Según Arellanos, cuando un niño no deseaba seguir siendo abusado sexualmente, la empresa lo despedía y declaraba a la prensa puertorriqueña que "se enfermó, que ya está muy viejo, que ya no tiene voz, etc."

A pesar de la seriedad de estas acusaciones y de que Arellanos presentara ante los medios una declaración jurada, certificada ante un notario público en la que garantizaba la veracidad de sus declaraciones, la prensa neuyorquina no dio destaque a las mismas, aparentemente por considerar que Arellanos carecía de pruebas o testigos para sostener sus acusaciones.

Durante su intervención en el programa "Controversial", Bolivar Arellanos también contó, que había recibido varias amenazas de arresto e incluso de muerte por parte de personas relacionadas a la administración de Menudo para impedir su llegada a Puerto Rico y por ende, sus declaraciones a los medios. Así también expresó, que tratarían de arrestarlo para evitar que diera a conocer lo que según él, condenaba a los dirigentes del quinteto boricua. Su pavor, estaba bien fundamentado, pues al concluir su participación en el programa, sus sospechas se harían realidad.

Como quien trata de controvertir todos los puntos debatibles y razones posibles que pudieron motivar a este señor a tomar tal decisión, una vez más, Jovet le pidió a Arellanos que aclarara si existía algún interés comercial de su parte, debido a que su establecimiento comercial, "Menuditis" ubicado en la ciudad de Nueva York, estaba en quiebra. Este negó tal afirmación y basó su respuesta en que no le debía dinero a nadie y que por el grave contenido de sus declaraciones, procedería a cerrar la tienda.

A renglón seguido y con el propósito aparente de protegerse legalmente, la periodista le preguntó si lo que él sabía le constaba de su propio y personal conocimiento. El individuo aseguró que "de vista no", pero que como periodista que era tenía constancia por las entrevistas que había realizado a los padres y niños.

Al finalizar la intervención de Bolivar Arellanos, el batón pasó al señor Norberto Rosa, padre del ex-menudo Robby Rosa. Este señor no refutó ni desmintió ninguno de los señalamientos de Arellanos. Confesó además, que mientras su hijo estuvo en Menudo, en muchas ocasiones desconocía su paradero. También reconoció, que se vio precisado a entregarle una tarjeta de crédito, para que Robby pudiera comprar sus comidas durante los viajes, pues muchas veces pasaba hambre.

A la señora madre de Robby, Sonia Rosa, se le preguntó si alguna vez su hijo había manifestado deseos de abandonar el quinteto. Un sí tajante fue su respuesta. A lo que el padre de Robby añadió, que durante uno de los viajes a México, Robby llamó a su casa muy agitado, expresando que deseaba salirse de Menudo, pues según alegó estaba viendo cosas que no le gustaban.

Por otro lado, el padre de Robby hizo referencia a varias deudas que mantenía la administración del conjunto con su hijo. Entre ellas mencionó, que Edgardo y su madre Doña Panchi, le ofrecieron como intercambio a un pago de cinco mil dólares que le adeudaban, una porción de terreno que nunca fue concedida. Este, además manifestó que Díaz se había declarado en quiebra para no pagarle a nadie y que no informaba sus ganacias al Departamento de Hacienda. Como veremos en el transcurso de este capítulo, esta última manifestación sería constante y repetida en diversas ocasiones por parte de los diferentes padres de los ex-integrantes.

Pedro (Papo) Gely, ex-director musical del grupo, también estuvo presente en el programa. Gely divulgó que en el tiempo en que se le pagaba a algunos integrantes a base de porcientos (sobre la ganancia), Edgardo le llegó a solicitar que inflara el total de las facturas que presentaba por sus servicios, con el propósito de descontar mayores cantidades al salario porcentual que pagaría a los niños.

El país quedó conturbado ante el surgimiento de estas nuevas declaraciones. En adelante, el "Caso Menudo" se convertiría en un escándalo, no Menudo, sino de grandes e inesperadas proporciones.

Las aseveraciones de Arellanos arremetían contra todos aquellos que de una forma u otra estaban relacionados con la administración del quinteto, desde Edgardo hasta su abogado Orlando López. No fue sorpresa para nadie que el primero que se levantó en contra de los comentarios de Arellanos lo fuera el propio López. Como recordaremos, dentro de la estrategia de manejo y reducción de daños adoptada por la administración de Menudo, este abogado tenía la encomienda de tomar la ofensiva para restarle credibilidad a las denuncias lanzadas contra la organización, atacando con fuerza y sin piedad a las personas de sus acusadores. Ante esta nueva crisis, López no titubeó ni perdió tiempo.

Minutos antes de finalizar el programa de Jovet, López se comunicó telefónicamente al Canal 7 para informar que estaba de camino hacia la estación en compañía de la Policía para buscar a Bolivar Arellanos. Tan pronto llegó a las instalaciones del canal, López indicó a la prensa allí congregada que se encontraba en su hogar viendo el programa y "no podía creer cómo de una manera tan desfachatada se hablaba de esa forma" y afirmó que "esos disparates no los iban a permitir". Así, que procedió a comunicarse con la Policía para hacer una denuncia por violación al Artículo 118 del Código Penal de Puerto Rico, delito contra el honor, conocido comúnmente como "difamación". De inmediato, salió hacia el canal, donde ya se encontraba la Policía. A pesar de la consternación y sorpresa manifestada por López por el contenido de las expresiones vertidas esa noche, es importante destacar que Carmen Jovet le había invitado a su programa y le había adelantado el contenido de las declaraciones que allí se harían, para que tuviera la oportunidad de refutarlas. Sin embargo, López optó por no asistir.

De conformidad a lo adelantado por López en su llamada telefónica, al concluir la transmisión, la Policía estaba en la estación presta a tomar acción. Por la naturaleza de la responsabilidad que le está encomendada en nuestro sistema de gobierno, la Policía es una de las agencias que mayor número de crisis y emergencias atiende. Como sus recursos son escasos, pero no las reclamaciones y denuncias que recibe, la Policía, por necesidad tiene que operar dentro de un sistema de prioridades. Por eso, resulta sorprendente la premura y la diligencia extrema con la que esta agencia actuó en este caso a solicitud del Lcdo. López. El delito de difamación, es uno que no representa un atentado al orden social inmediato. La esencia del mismo gira en torno a unas expresiones vertidas contra unas personas y que se alegan son falsas. En ese sentido, no hay daño físico, ni emergencia inmediata experimentada ni por la supuesta víctima, ni por la sociedad en general. De manera, que nos preguntamos ¿cuál era la prisa?, ¿cuál era la emergencia pública?, que ameritaba el despliegue de tres agentes del orden público y un sargento. Puerto Rico, es una sociedad en donde mensualmente ocurren en promedio decenas de asesinatos, violaciones, robos a mano armada, escalamientos, robos de autos y otros crímenes violentos que ameritan de la presencia inmediata de la policía y que ésta a pesar de su mejor intención, no puede atender. De manera que al Lcdo. López y a la gerencia de Menudo hay que reconocerle una capacidad extraordinaria de movilización y de poder llegar a donde otros no llegan.

El talento y la capacidad de López para movilizar las fuerzas del orden público resulta más admirable aun, cuando se tiene presente que en un sistema democrático como el que rige en Puerto Rico, la policía no está autorizada a intervenir y restringir la libertad de los ciudadanos, salvo que ante su presencia se haya cometido un delito, o que por el contrario, haya obtenido una orden de un magistrado o juez, luego de que éste determine que existe causa para la intervensión de la policía. Aquí, nunca se obtuvo la orden de un juez. De manera, que la única alternativa que restaba para una intervención válida por parte de la policía era que los tres agentes y el sargento que se presentaron a la estación hubieran presenciado a través de la televisión las declaraciones de Arellanos. Pero aun cuando esto hubiera sido así, algo de por sí muy improbable, tampoco a estos agentes les constaba personalmente que las expresiones vertidas en el programa carecieran de veracidad.

Lo ocurrido con respecto al despliegue de fuerza policiaca, no fue el único evento sorprendente con respecto al manejo y comportamiento de los organismos gubernamentales durante esta delicada controversia. Si algún sector gubernamental debió haber reaccionado de forma inmediata en vista de la naturaleza de las acusaciones y del hecho de que involucraban a menores, lo eran las agencias como el Departamento de Servicios Sociales, el Departamento del Trabajo o hasta el Departamento de Justicia y cualquiera otra con algún grado de responsabilidad de velar por la salud y el bienestar de los menores. En Puerto Rico, cuando ocurre la más mínima insinuación o imputación que pueda dar margen a una situación de maltrato de menores; agencias como las antes mencionadas, actúan de forma proactiva, preventiva e investigativa para identificar la veracidad de la información y prevenir o detener cualquier conducta que pudiera afectar el bienestar del menor. Sin embargo, estas agencias y sus funcionarios jamás aparecieron, ni efectuaron gestión alguna. Esto fue así, a pesar de todas las acusaciones presentadas, no por uno, sino por más de diez ex-integrantes, padres y personas relacionadas al quinteto.

Al ocurrir la llegada sorpresiva de la policía a los predios del canal, el licenciado Roberto Sueiro, quien también había participado como panelista en el programa, asumió la representación de Bolivar Arellanos. Sueiro le indicó a los agentes que el delito del que se acusaba a su representado era uno menos grave. Por tal razón, no podía arrestársele sin mediar una orden. El Sargento Fontane tuvo que admitir que no tenía una orden de arresto y que tampoco contaba con una citación, pero aseguró que podía prepararla en un momento.

Ante la imposibilidad de poder efectuar el arresto, las autoridades policiacas procedieron a citar a Arellanos y a Sueiro para el día siguiente a las 12:00 del mediodía en el Cuartel de la Parada 8, ubicado en el área de Puerta de Tierra de la ciudad de San Juan.

Al día siguiente, el 10 de mayo de 1991, Bolivar Arellanos compareció junto con el Lcdo. Sueiro al Cuartel de la Policía. El Lcdo. López, a pesar de ser el querellante, no llegó a la hora citada. Después de una espera de cerca de media hora, se le indicó al señor Arellanos que podía marcharse. Sin embargo, en horas de la tarde de ese mismo día, la Fiscalía tomó la decisión de radicar contra Arellanos una denuncia "en ausencia". Esto es un mecanismo legal que se utiliza para radicar un caso en ausencia del acusado, cuando éste no comparece ante una citación. Orlando López fundamentó su denuncia en que "los comentarios hechos por Arellanos no le constaban de propio conocimiento" e hizo uso de lo prescrito por las normas de derecho aplicables en Puerto Rico, que establecen que una persona que divulgue una información con conocimiento o la duda razonable de que la misma es falsa, podría ser objeto de una acusación por el delito de difamación. El juez que dirigió los procedimientos, determinó causa probable y ordenó el arresto de Arellanos. Una fianza ascendente a diez mil dólares le fue impuesta y se señaló la fecha para la vista del caso en el tribunal.

López, también acusó públicamente a Carmen Jovet y al canal que transmitía su programa, de faltar a las normas de la Comisión Federal de Comunicaciones, FCC por sus siglas en Inglés. Este se basó en que "tanto ella como el canal tuvieron conocimiento previo de que la información que allí se divulgaría era difamatoria, porque confirma que las acusaciones que hace (Bolivar) no le constan de propio conocimiento". La programación transmitida por los canales de televisión, por la radio y por los medios de comunicación en general, se rige por las normas y reglamentos establecidos por la FCC. López, consciente de esta reglamentación, lanza su acusación y al así hacerlo intenta hábilmente introducir elementos nuevos a la controversia, para desenfocarla de su "issue" principal.

A pesar de las declaraciones de López contra Jovet y la gerencia del Canal 7, debemos recordar que la propia Carmen Jovet se comunicó previamente con el Lcdo. López para leerle las declaraciones que Arellanos haría en su programa y para invitarlo a refutarlas. Sin embargo, fue el propio López quien prefirió no asistir. Tal vez por esta razón, las expresiones de López sobre este particular, quedaron limitadas a comentarios a la prensa, pues nunca llegó a tomarse acción judicial contra la periodista, ni tampoco contra el canal. No fue por falta de deseos, porque como verán, Jovet se convertiría en la propulsora "número uno" del descubrimiento de la verdad en el Caso Menudo.

El 14 de mayo, Productora Nacional, empresa a cargo

de la producción del programa "Controversial", le envió una carta al Superintendente de la Policía, Ismael Betancourt, en la que cuestionaba las irregularidades en el procedimiento que llevó a la Policía a presentarse en su canal. El Superintendente se comprometió a ordenar una investigación, la que estaría a cargo del Comandante de área de San Juan, Victor Meléndez.

EL OPERATIVO CONTRA BOLIVAR ARELLANOS

Otro "espectáculo" estaba por producirse. Al día siguiente, el 15 de mayo de 1991, la periodista Carmen Jovet inició la segunda parte de la serie de reportajes investigativos sobre el "Caso Menudo". En esta ocasión, invitó a su programa a los directivos del grupo Menudo y su representante legal, Orlando López. Este último, tras haber denunciado la supuesta difamación, había confirmado en dos ocasiones ante las cámaras que comparecería al programa de la que llamó como su "amiga", Carmen Jovet. No obstante tales expresiones, ni López ni ninguno de los relacionados con la gerencia de Menudo compareció al programa. En cambio, estuvieron presentes Bolivar Arellanos y los padres del ex-menudo Ray Reyes, el señor Ray Reyes y su esposa Carmen, quienes confirmaron las acusaciones sobre irregularidades y maltrato a los niños, que se produjeron en el programa anterior.

Al finalizar el programa y "como por arte de magia", un contingente de más de diez policías, entre ellos dos sargentos, se presentaron al Canal para arrestar a Arellanos. Esta vez, la licenciada Joyce Pagán, una de las panelistas del programa, se vió precisada a asumir la representación de Arellanos y lo acompañó hasta el Centro Judicial.

Las escenas a través de la televisión, al momento de efectuarse el arresto de este señor, parecieron las más cercanas a las de los operativos policiacos para ocupar cargamentos de droga que presentan en los noticiarios. De hecho, durante el tiempo que laboré como Asesora en Relaciones Públicas de la Policía de Puerto Rico y el Departamento de Corrección y Rehabilitación, estuve presente en varios operativos a cargo de la Policía en residenciales y por oficiales de custodia en las cárceles. Recuerdo una entrevista que coordiné en una ocasión para la periodista puertorriqueña, Jennifer Woolf con algunos confinados de máxima seguridad con motivo de una investigación especial. Un confinado en "máxima" está sujeto a las más estrictas normas de seguridad para prevenir cualquier posible incidente que ponga en peligro la vida de éste o la de otra persona. Con esto en mente, los individuos convictos fueron bajados de sus celdas con cadenas que pegaban ambos brazos a su cuerpo y otra alrededor de los tobillos. Cada uno era escoltado por cuatro custodios y el Sargento de la Unidad de Operaciones Tácticas, quien supervisaba la operación.

Es obvio que para ser convicto de máxima seguridad, el crimen del que se le acusa es uno con serios agravantes y se entiende que el confinado es una amenaza para la sociedad. Sin embargo, el despliegue de las fuerzas del orden público en situaciones como ésta, no se compara con el que debió ser movilizado a las instalaciones del Canal 7. Si para un confinado de máxima seguridad se requieren cinco oficiales. Cómo es posible que se necesiten diez agentes y dos sargentos de la policía para arrestar a un individuo por un alegado delito menos grave, que en modo alguno involucraba violencia física, ni alteración a la paz o el orden público y que en todo caso, lo único que representaba era una lesión para el honor de los propietarios de Menudo y de su abogado. Todo esto, sin olvidar que el acusado era tan sólo eso, un acusado de una ofensa menor en un sistema de gobierno en el cual se es inocente hasta que se pruebe lo contrario y del hecho de que el propio

Arellanos se había presentado inicialmente de forma voluntaria ante las autoridades policiacas. Debemos hacer constar, que no le restamos la importancia que merece el asunto. Pero sin temor a equivocarnos, podríamos aseverar que con dos agentes de la Policía hubiera sido más que suficiente para entregar la citación correspondiente.

Todo este incidente se produjo en presencia de varios periodistas que se encontraban en el estudio donde se llevaba a cabo el programa. Las acciones de la Policía fueron criticadas por varios medios informativos como el periódico El Vocero, que en su edición del 3 de junio, publicó un editorial que tituló "Intimidación policiaca a prensa". En vista de lo sucedido, Carmen Jovet volvió a escribirle al Superintendente de la Policía para que explicara el operativo que llevó a diez policías al Canal 7. El propio Superintendente confesó estar consternado ante esta situación. Una nueva investigación se encomendó, la que se sumó a la ya iniciada. El resultado de ésta al igual que el de la anterior, nunca trascendió a la luz pública.

LA HORA DEL JUICIO

La Sala 604 del Centro Judicial de Hato Rey sería el escenario por los próximos ocho meses de uno de los más comentados "espectáculos" de esta candente controversia.

En un caso de difamación como el iniciado contra Bolivar Arellanos, el fiscal tiene la obligación de establecer que las imputaciones hechas por el acusado son falsas o que fueron efectuadas con grave menosprecio de la verdad. Precisamente, ésta era la acusación básica contra Arellanos, que no le constaba de propio conocimiento las acusaciones sobre abuso sexual que efectuara en el programa "Controversial" contra los dirigentes de Menudo y la alegación de que estos lo habían mandado a matar. En pleitos de esta naturaleza, la labor del fiscal no es sencilla. Por tratarse de una acción criminal, el caso contra el acusado tiene que establecerse fuera de toda duda razonable. Esta labor se torna más difícil aún, por el hecho de que en una acusación por difamación la verdad constituye la mejor defensa. De manera que el acusado con demostrar que lo que dijo es cierto, queda liberado de toda responsabilidad.

Una pieza clave en esta controversia sería el testimonio de Edgardo Díaz. Nadie mejor que él podría hablar sobre lo que realmente ocurrió. En ese sentido para la defensa de Arellanos, compuesta por los licenciados Benjamín "Benny" Angueira y Juan Casasnova, lograr la comparecencia de Edgardo era fundamental. A estos efectos, la defensa de Arellanos intentó obtener la dirección residencial de Díaz en la ciudad de Miami con el fin de citarlo y obtener su comparecencia. El fiscal a cargo del caso, Eduardo de Jesús accedió a someter ante los abogados la dirección de Díaz, pero indicó que sería la de la compañía y no la personal. El motivo para esta condición obedecía, según de Jesús, a "razones de seguridad", pues el abogado de Bolivar, el licenciado Angueira era el mismo que representaba al señor Ralph Rodríguez (padre de Ralphy Rodríguez, ex-integrante del quinteto), quien supuestamente amenazó de muerte a Díaz ante las cámaras de televisión en el programa Cristina, originado en Miami y que cuenta con millones de espectadores en Estados Unidos, Latinoamérica y en Puerto Rico. Como explicaremos más adelante, esta alegación no sería correcta. Por lo contrario, sería una interpretación errónea de la realidad sobre lo que aconteció en el mencionado programa. Pero después de todo, esto era una guerra, y en la guerra todo está permitido.

En nuestro sistema de gobierno, el acusado en un procedimiento criminal tiene derecho a obtener toda evidencia que pueda contribuir a establecer su inocencia. Después de todo, su inocenia se presume. Si existía un temor legítimo respecto a la seguridad de Edgardo Díaz, otras alternativas menos honerosas estaban disponibles para proteger este interés. Se le pudo haber asignado protección policiaca o tal vez, se le pudo haber tomado una deposición en un lugar seguro. De esta manera, se garantizaban los derechos del acusado, a la vez que se protegía la integridad física del Sr. Díaz. Si la razón para no brindar la dirección personal del empresario tuvo un motivo ulterior, no lo sabemos. La realidad es que nunca pudo obtenerse la comparecencia de Edgardo.

A pesar de los esfuerzos por parte de la defensa, un veredicto de culpabilidad fue dictado contra Arellanos. En el juicio no pudo establecerse su inocencia, probando que sus manifestaciones en el programa de Carmen Jovet, estaban fundamentadas en hechos reales que a él le constaban personalmente o que podía evidenciar. Sin embargo, el resultado de un juicio no responde necesariamente a la veracidad de lo sucedido, sino a la prueba que se presente ante el Tribunal y a la credibilidad que el juzgador le dé a la misma. En un juicio, el juez como un tercero independiente, desconoce personalmente la veracidad o falsedad de lo sucedido y sólo puede resolver la controversia ante su consideración evaluando la prueba que le es presentada por las partes.

A simple vista, el veredicto de culpabilidad contra Arellanos en la acción de difamación, podría entenderse como el establecimiento de la falsedad de las imputaciones por él lanzadas contra la gerencia de Menudo y una reivindicación del Lcdo. López y de José A. Jiménez, pero sobre todo de la imagen de Edgardo Díaz. Ante la justicia, la realidad fue que quedó establecido que las acusaciones de Arellanos carecían de veracidad.

En la situación particular de Bolivar Arellanos, la decisión judicial en su contra pudo haber sido afectada por una serie de factores. En primer lugar, no debe perderse de vista que Arellanos no era residente de Puerto Rico. Este hecho definitivamente le hacía más difícil la coordinación de los esfuerzos de su defensa. En segundo término, su situación económica no era la mejor. La preparación exitosa de un pleito de esta embergadura, requiere de una investigación extensa, así como de una recolección de información y prueba, que conlleva una erogación fuerte de recursos económicos para cubrir los costos que involucran viajes, personal investigativo y otras herramientas indispensables. Tercero, aparentemente ciertos testigos claves no pudieron ser convencidos de cooperar con la defensa y aquellos que comparecieron fueron poco efectivos al momento de testificar. Por último y no menos importante, no debe perderse de vista que Arellanos, enfrentaba a una organización de gran prestigio y poder. Esto quedó evidenciado con la ágil y amplia movilización de efectivos policiacos al momento de diligenciar la orden de arresto del Tribunal contra el acusado. Además de la cubierta practicamente lenitiva que la organización de Menudo recibió por parte de los medios de comunicación en vista de la seriedad de las imputaciones presentadas, así como en la inacción de las agencias gubernamentales encargadas de proteger a niños.

Independientemente de la veracidad de las acusaciones de Bolivar Arellanos, la estrategia adoptada por Edgardo Díaz y su equipo de trabajo, una vez más fue exitosa. En lo inmediato, logró detener la ola de acusaciones en su contra y estableció un precedente de culpabilidad, que enviaría un mensaje a sus detractores y los haría considerar con mayor deteniminento la posibilidad de iniciar otro pleito en su contra.

A raíz de este incidente, surgen en nuestra mente una serie de interrogantes que posiblemente han surgido también en la mente del público que siguió de cerca estos hechos. Según la sentencia del tribunal, Bolivar Arellanos había difamado a tres personas con sus acusaciones. Sin embargo, sólo dos de los implicados en la difamación, Jiménez y López, se habían querellado. Si la verdad es el antónimo de la difamación, entonces, ¿por qué el tercero y ciertamente el más perjudicado de los involucrados en las manifestaciones públicas de Arellanos, en este caso Edgardo Díaz, no reclamó igual vindicación ante la justicia del país? Una posible contestación a esta interrogante, la podemos encontrar en la adopción de una sabia estrategia por parte del propio Díaz. De Edgardo haber presentado personalmente una querella ante las autoridades, hubiese abierto un flanco para que el acusado de la difamación, Bolivar Arellanos, invocara su derecho constitucional a confrontar frente a frente a su acusador y requerir así, la presencia del primero en corte abierta y pública. Una vez en la silla de los testigos, Edgardo venía obligado a decir la verdad y no tenía control alguno de las preguntas que pudieran lanzarse en su contra. Esto hubiese tenido el efecto de invertir los papeles en corte y hubiese convertido a Edgardo en el acusado y a Arellanos en su acusador. Por otro lado, también podríamos presumir que por ser Edgardo Díaz una figura pública, contrario a los otros dirigentes de la agrupación, ante un tribunal se dificultaría aun más establecer la responsabilidad del alegado difamador.

Al ser únicamente López y Jiménez los que presentaron la querella por difamación, se logró proteger a Edgardo evitando una exposición innecesaria. De este modo, se utilizó hábilmente el proceso judicial para demoler ante la opinión pública la credibilidad de las acusaciones contra la organización de Menudo, lo que enviaría un mensaje de que Edgardo y su empresa habían sido víctimas de una vil mentira.

El mexicano Adrián Olivares fue el único de los integrantes que permaneció en la agrupación, tras la renuncia en masa de sus cuatro compañeros.

Rubén Gómez, luego de abandonar la agrupación.

(de izquierda a derecha) Edward, Rawie, Robert y el venezolano, Jonathan junto a sus madres y asesores legales, en la conferencia de prensa celebrada en el Colegio de abogados de Puerto Rico. Durante la misma, anunciaron su renuncia al quinteto y sus razones para ésta.

Los cuatro integrantes que efectuaron su renuncia en masa. (de izquierda a derecha) Edward, Rawie, Robert y Jonathan.

Robert Avellanet junto a su madre Maribel Negrón, durante la conferencia de prensa.

Dos horas después de la conferencia de prensa celebrada por los cuatro niños que renunciaban al grupo, la administración de Menudo ofrecía su versión a los medios. (de izquierda a derecha) José A. Jiménez, propietario de Menudo, el Lcdo. Orlando López y Edgardo Díaz, director artístico.

Carmen Jovet, "la mujer noticia" en su programa "Controversial", abrió la "caja de Pandora".

Bolivar Arellanos, junto a su esposa e hijo. Sus declaraciones produjeron una marejada de acusaciones en contra de la organización de Menudo, en el programa "Controversial" de la periodista Carmen Jovet.

Durante 45 minutos, Bolivar Arellanos y el Lcdo. Roberto Sueiro estuvieron esperando en el cuartel de la policía al licenciado López, pero según, informó la prensa éste no se presentó.

NUEVAS ACUSACIONES Y MAS ACUSADORES

Mientras el proceso judicial seguía el curso y los azares antes descritos, el escándalo continuaba ventilándose en los programas de televisión más importantes no sólo de Puerto Rico, sino además en otros programas de amplia difusión en los mercados latinoamericanos.

En Puerto Rico, la periodista Carmen Jovet realizó un tercer programa sobre el "Caso Menudo". Este tendría todos los elementos de una película de terror y suspenso. En el mes de julio, el programa de la famosa periodista se tornó más "controversial" que nunca. Lo más drámatico y significativo estaba aún por verse. Desde su título **Rompiendo el silencio, los ex-menudos hablan** ya se podía predecir cuán impactante sería su contenido. A manera de resumen, la periodista expuso todos los puntos que se habían discutido y los hechos acontecidos hasta ese momento. Durante el transcurso del programa estuvieron presentes, los ex-menudos: Raymond Acevedo, Ralphy Rodríguez, Angelo García, Rubén Gómez, algunos de éstos en compañía de sus padres. En la transmisión, también participó un joven de nombre Joe Carrión, quien alegó haber sido candidato a integrar la agrupación y quien efectuó importantes revelaciones sobre las interioridades del conjunto. Contrario a otros programas televisados sobre esta controversia, los participantes no se encontraban presentes en un mismo estudio, sino que las entrevistas se realizaron de manera individual y en diferentes escenarios.

Los primeros en dirigirse a las cámaras fueron Raymond Acevedo y Ralphy Rodríguez. Al momento de realizarse este programa Raymond, quien había comenzado en la agrupación a los 13 años, ahora contaba con 19 y Ralphy con 18. A preguntas de Jovet, Raymond manifestó que tan pronto ingresaban en el conjunto se les hacía saber que no podían ir en contra de las reglas de Menudo y de sus manejadores. Todo se quedaba dentro de la agrupación. Edgardo era "el todo" en tu carrera. "En la "loma" [residencia de Edgardo en Caguas], si te portabas bien [de la manera en que la administración de Menudo quería] en el grupo no te iba a "cambiar la voz" [refiriéndose a la expulsión del grupo]. " Si en algún momento hablaban mal de la agrupación o de sus interioridades, la sanción era clara, se le cerrarían las puertas como solistas y su fama no se igualaría a la que tenían como integrantes del grupo. Sobre este punto, Angelo García reveló que en Menudo le llamaban "el chota", por contarle a su madre todo lo que ocurría a su alrededor.

Raymond continuó su intervención y relató un incidente particular que ocurrió durante su estadía en el grupo:

— Hubo un percance en Italia. Ese percance fue que... el señor Edgardo Díaz se trató de propasar con dos de los integrantes del grupo ...

Carmen:

—¿Cómo se intentó? ¿Qué hizo?

Raymond:

—Bueno...ellos estaban en la cama...y...estaban masturbándose, los dos integrantes estaban masturbándose, y él (Edgardo) les dijo a ellos que si él les hacía cosquillas en la espalda a ellos, pues ellos iban a tener un mejor orgasmo, ... A todo esto, pues... siendo niños incrédulos...

Carmen:

—¿Que edad tenían?

Raymond:

—Ellos tendrían...los dos eran integrantes acabados de entrar al grupo. Básicamente, menor [sic] de 15 años. No podría decir exactamente..., 13..., porque siempre se jugaba con la edad también. ¿Sabes?, uno nunca sabía que edad tenía quien. Inclusive, yo perdí cuenta de mi...(rie)... Hasta en un momento dado, yo perdí la cuenta de mi edad... O sea, no sabía decir si tenían (los niños) 15 ó 14, pero eran menores, eran bastante pequeños los chicos. Yo estaba en el otro cuarto y él [Edgardo] trató... primero con uno de tocar su... los genitales de uno, y el muchacho salió llorando del cuarto. Cuando ese muchacho sale llorando del cuarto, va al cuarto de nosotros, que yo me estaba quedando con el Sr. Edwin Fonseca que era el camarógrafo en ese momento. Yo estaba dormido, pero oí el revolú... Y ahí él intenta... cuando ese integrante sale del cuarto, intenta con el otro, y el otro le salió de atrás pa' lante y se quedó en el cuarto. Cuando los dos integrantes mayores del grupo van a ver que pasó al cuarto, él estaba llorando. Edgardo Díaz estaba llorando por lo que había ocurrido...que fue un mal entendido, que se yo, y tal, y tal, y tal cosa... Toda esta controversia ocurre en Italia.

Carmen:

—¿ **Por qué tanto temor a hablar sobre el tema del abuso sexual?**

Raymond:

—Bueno, psicológicamente... es bien difícil para una persona que ha sido abusada o ha sido llevada a eso, porque esto ocurre sin violación, sin el uso de fuerza. No es una violación como tal. O sea, ...el niño que está recibiendo esto, está supuestamente, para él, cooperando. O sea, lo está haciendo...

Carmen:

—¿Seducido?

Raymond:

—Está siendo seducido, pero a la misma vez, él lo está dejando que pase, porque no están haciendo ningún acto de violencia contra él.

Carmen:

—Yo te oí hablando hace un ratito con Ralphy de que a ti sí te trataron de tocar por el frente, el pene, entonces tú eras más agresivo y hablaste malo...

Raymond interrumpe y señala:

— Yo era más agresivo y siempre salía de atrás pa' lante, pero sí hubieron [sic] acercamientos de tocarme, cosas rápidas. Cosas que pasaban de momento y te trataban de tocar, y ...o sea poco, pero corrido, muchas veces.

Carmen:

— Cuando ellos le describían a ustedes como eran las relaciones homosexuales, ¿qué le decían?, qué eso era, ¿qué?

Ralphy:

— Algo natural, decían.

Raymond interviene para añadir sobre el particular.

— Como te dije horita. ¿Cómo tú puedes sentir que no has tenido...que no te gustan los hombres, si nunca has tenido relación con un hombre. O sea,...otra de las cosas que se inculcaba, ...tú puedes ser un macho completo y que te guste que te den por detrás. Cosas bien chabacanas y sucias... que en el momento, pués... te cogen de sorpresa y uno no sabe que decir ni que hacer. O sea, otra de las imputaciones [sic] era que cómo tú te sentirías, si estuvieras haciendo escreta hacia atrás...a la inversa. Pues, todo el mundo sabe que sería como tener un acto homosexual con un hombre. De hombre a hombre, hacer escreta hacia atrás es tratar de hacerlo todo a la inversa...y son cosas que en el momento, pues chocaron. Yo rápidamente que oía esos comentarios me enojaba y me iba.

Carmen: (interrumpe)

— ¿Quién te decía esas cosas? ¿Quién? o ¿Quiénes?

Raymond:

— Edgardo Díaz, Jiménez..., personas que trabajaban con el grupo. Yo quiero aclarar una cosa bien importante en este momento...y es que José Luis Vega, el coreógrafo de Menudo, gracias a Dios, nunca se propasó, que yo tenga conocimiento, con ninguno de los integrantes. (Joselo) fue una de las personas que respetó. Siempre ha sido una persona bien juiciosa. Yo me siento bien orgulloso de él, porque yo sé que él también fue una víctima.

Carmen (dirigiéndose a Ralphy):

— ¿A ti te dijeron eso también?

Ralphy:

— Nunca me lo dijeron directamente, pero lo dijeron en grupo...a veces lo decía frente a dos o tres muchachos y otras frente a todos.

Carmen:

— ¿Alguno dijo si quería probar?

Ambos coincidieron con un, NO. Raymond continuó diciendo que les hacían insinuaciones... "Nos tocaban..., trataban de tocarnos".

Ralphy:

— Venían, y si uno estaba caminando o algo así, le decían: "ven acá". Y después, te tocaban por el trasero, y uno se iba y le decían:..."pero, ¿qué pasa?...Eso no es nada malo...". Se ponía con filosofía, diciendo: "Si el cuerpo es un cuerpo...y si Adán y Eva no hubieran hecho el error, todo el mundo estuviera desnudo... Si eso es algo natural."

Raymond:

— Había mucha libertad... Los adultos al estar desnudos en los cuartos.

Carmen:

— **¿Tú estabas desnudo o vestido? y ¿Qué te decían?**

Raymond:

— Yo siempre he tenido mucho pudor en eso. Habían comentarios de que uno debía dormir sin ropa interior por la cuestión de la circulación, para que uno pueda dormir mejor... Esas eran palabras de Edgardo Díaz. Por ejemplo, cuando yo me quedaba con él en el cuarto..., en el momento yo lo tomaba como un consejo. Pero nunca, al principio, como integrante y como niño que era al fin, nunca me dio malicia. Hasta que empezaron todas estas cosas malas a ocurrir. Y yo le doy muchas gracias a Dios que a mí personalmente nunca... nunca fui abusado sexualmente. Hubiera sido un trauma bien grande para mí.

Carmen:

— **¿Lo hubieras dicho? ¿Hubieras hablado?**

Raymond:

— No sé, Carmen. Cuando sale un integrante del grupo Menudo, él está solo. Nadie quiere saber nada, ni los periodistas de Puerto Rico ni los periodistas de ningún sitio. Nadie quiere oírlo, porque han habido tantos integrantes que han hablado mal, que nadie quiere oír nada; nadie quiere decir nada; nadie quiere hablar nada.

Raymond agregó, que si hubiera atravesado por una situación como la que antes describió con sus ex-compañeros, estuviese más afectado de lo que estaba y confesó arrepentirse muchas veces de haber estado en Menudo.

Carmen Jovet, le preguntó a los dos ex-menudos si el efectuar estas declaraciones en algún modo respondía a intereses económicos o publicitarios. Raymond aclaró que si fuese por dinero, lo único que tendría que hacer era entablar una demanda, porque su padre contaba con evidencia suficiente para probar que se les robó cantidades exhorbitantes de dinero. En referencia a un supuesto libro que escribió, éste expresó que su razón se basaba en una cuestión moral. El joven y su padre, aparentemente se disponían a publicar un libro en torno a sus vivencias en la agrupación. Este llevaría por título "Papi, quiero ser un menudo" y narraría con detalles la experiencia de Raymond y su padre durante su estadía en la agrupación. En relación a esta obra, el padre de Raymond abundaría más adelante en el programa de Cristina. Sin embargo, el mencionado libro nunca fue publicado. Las razones son desconocidas.

Raymond continuó revelándole a la periodista:

— Yo salí hace dos años atrás y todavía no he logrado dejar atrás ese mal recuerdo.

Carmen:

— ¿Te llegaron a pegar físicamente o recibiste insultos verbales?

Raymond:

— Sí, recibí insultos verbales, psicológicos, como cuando me cambió la voz, me aislaron.

Carmen:

— ¿Estarían dispuestos a ir a un tribunal?

Ante esta interrogante, ambos repondieron que sí.

Raymond:

— Fuimos víctimas. No tenemos que sentirnos mal. Entramos a Menudo sanos, sin vicios y salimos de otra manera, algunos con aberraciones, con problemas psicológicos, otros que no han podido terminar su carrera, porque se les ha metido que ellos no pueden hacer nada, ni decir nada, porque Edgardo Díaz tiene muchas conecciones artísticas.

Carmen:

— Ralphy, ¿tú fuiste maltratado?

Ralphy:

— Sí.

Carmen:

— ¿Por quién?

Ralphy:

— por Edgardo Díaz.

Carmen:

— ¿Que te hacía Edgardo Díaz?

Ralphy:

— Me pegaba, me pegaba.

Carmen:

— ¿Y porqué te pegaba?

Ralphy:

— Bueno, algunas veces me daba sin ninguna razón, y otras por razones tontas. Una vez, cuando acababa de entrar al grupo me pegó una cachetada fuerte porque estaba hablando. Estaba hablando con los muchachos y como yo era hiperactivo estaba hablando un poco más fuerte, más alto y me pegó una cachetada. Quizás, porque tenía estrés o algo así.

Carmen:

— ¿Alguna vez te pegó una golpiza o te pegó?

Ralphy:

— Sí. Cuando estábamos en gira en los Estados Unidos y también en México. Después de los conciertos, como yo estaba en el cambio de voz y también estaba enfermo; o sea, que estuve enfermo y no pude bailar bien, me llevó a un cuarto y me cayó encima.

La acusación de que los jóvenes eran obligados a trabajar aun cuando se encontraban enfermos o extenuados físicamente fue secundada por Angelo García, otro de los ex-integrantes, quien comenzó en el quinteto a la edad de 11 años. Según lo relatado por éste, en una ocasión Edgardo haló por el cabello al integrante Robert Avellanet, por simplemente ir al baño previo a la salida del grupo hacia un compromiso promocional. Esta historia volvería a ser narrada más adelante, pero por el propio Robert y su compañero Rawie en entrevista con TV y Novelas de Puerto Rico. Angelo, también reveló que a los jóvenes se les enfatizaba continuamente la frase "the show must go on", cuyo significado en español es "el espectáculo debe continuar" y bajo ese pretexto se les hacía trabajar desde las 6:00 de la mañana hasta las 12:00 de la medianoche.

Angelo abundó en dos incidentes adicionales en los que alegadamente la gerencia de Menudo obligó a los integrantes a trabajar en espectáculos, aun cuando su salud estaba quebrantada. Esta exigencia obedecía a la filosofía de que mientras más se dieran al grupo, más artistas eran. Indicó que Ralphy tuvo que cantar con la garganta afectada y que Robby, fue obligado a hacer cuatro conciertos consecutivos bajo los efectos de una pulmonía doble. Para esto consiguieron que una persona le practicara acupuntura. Entre canción y canción lo sentaban en una silla de ruedas y le suministraban suero para mantenerlo con energía y que continuara cantando. La condición de gravedad de Robby era tan severa que finalmente hubo que hospitalizarlo y la gerencia de Menudo se vio precisada a cancelar dos de las funciones.

Los incidentes antes expuestos fueron presentados al público como un ejemplo de los abusos y maltratos físicos al que supuestamente estaban sujetos los componentes del grupo Menudo. Pero, ésta no es necesariamente la única interpretación posible de estos eventos.

La realidad es que los jóvenes de Menudo, como tantos otros artistas, gozaban de un sitial privilegiado en la sociedad. Eran ídolos y como tal eran tratados y respetados. Ante sus miles de seguidores, la magia que rodea todo lo relacionado con el mundo del espectáculo, los hacía ver como jóvenes fuera de lo común y como parte de una fantasía inalcanzable. Pero, la fama tiene su precio. Precisamente por estar rodeados de una mística que ellos mismos cultivan con cada gesto e intervención, los artistas no pueden pretender que su público los idolatre y simultáneamente los visualice como seres normales y corrientes que sufren y padecen como cualquier otro. Si éste fuera el caso, esa magia que los rodea y que lleva a miles a seguir sus pasos hasta el borde de la locura, desaparecería en un instante. Después de todo, cómo explicarle a unas fanáticas que por meses han ahorrado con grandes sacrificios para adquirir los boletos del espectáculo y que desde tempranas horas del día han estado haciendo fila para obtener una buena butaca, que el concierto que con tantas ansias esperaban, no va a celebrarse porque el artista, se siente mal y le duele la garganta.

Si los fánaticos están dispuesto a experimentar grandes sacrificios por sus ídolos, estos también tienen un compromiso para con los primeros, que los obliga a anteponer sus problemas personales a las expectativas y lealtad de su público. Es esta la razón del dicho "el espectáculo debe continuar."

Muchas de las figuras con las que hemos laborado, han salido a escena a cumplir sus compromisos profesionales, a pesar de no encontrarse en el mejor estado de salud y en ocasiones, hasta en condiciones críticas. Ricky Martin se vio precisado de recibir acupuntura para poder cumplir con varias de las presentaciones de su pasada gira "A medio vivir". En su carrera como cantante, Ednita Nazario ha realizado algunos de sus conciertos con las cuerdas vocales inflamadas, producto de alguna enfermedad. La intérprete de salsa, India, en varias ocasiones cantó en contra de las recomendaciones de su médico, padeciendo de resfriados, bronquiti y hasta desgate físico, lo que incluso en una ocasión provocó que se desplomara en una tarima de la cuidad de Chicago. En el Centro de Bellas Artes de Puerto Rico, la baladista puertorriqueña Yolandita Monge realizó más de diez funciones con una pompa de aire para dilatar los bronquios. Y como si fuera poco, el cantante de música tropical, Andy Montañez cumplió con un compromiso artístico, cantando en un concierto el mismo día en que su padre falleciera. Así, podríamos narrar muchas otras situaciones en las que hasta la más grande de las estrellas se ha visto forzada a cumplir con su público, para quien lo único que importa es presenciar a su artista. En ese sentido, puede pensarse que Edgardo Díaz estaba más que justificado al requerirle a los integantes de Menudo disciplina, trabajo fuerte y responsabilidad absoluta para con sus compromisos artísticos. El hecho de que fueran menores de edad, en modo alguno minimiza la magnitud de su compromiso. Después de todo, ellos buscaron y lucharon por la oportunidad de pertenecer a Menudo y disfrutar del favor y el calor de su fanaticada, justo es que ahora que formaban parte de esta organización reciprocaran el favor de ese público. Esto claro está, en modo alguno puede entenderse como una licencia para cometer todo tipo de atropellos y abusos. En el caso de los jóvenes de Menudo, sus relatos sobre este particular se encuentran en la fina línea entre lo legítimo y válido y lo que no lo es.

En lo referente a los acosos sexuales de los que supuestamente eran objeto, Angelo reveló que Sergio González le había confesado un intento por parte de Edgardo de tocarle sus partes privadas, a lo que Sergio reaccionó y le dijo a Edgardo que "él (Sergio) no era así" (homosexual). Contó además, que otra persona allegada a la operación del grupo, de nombre Osvaldo Rivera Ocasio y conocido como "Papo Tito", también trató de tocar a Sergio. Este último personaje, posteriormente resultaría convicto por tráfico ilícito de drogas.

El tema de los acercamientos sexuales fue abordado nuevamente por otro de los invitados al programa, de nombre Joe Carrión, un joven que como indicáramos anteriormente fue candidato a integrar el quinteto hacía exactamente diez años. A los catorce años, Joe audicionó y Edgardo le prometió convertirlo en el próximo menudo. Carrión, narró que viajó a Santo Domingo junto al quinteto con la excusa de familiarizarse con las responsabilidades que conllevaba ser uno de los integrantes. Agregó que Edgardo siempre lo complacía y le daba todo lo que él quería. El aspirante a Menudo, sostuvo que inicialmente interpretó este supuesto aprecio por parte de Edgardo, como aquel que siente un padre hacia un hijo. Sin embargo, tras su llegada a Santo Domingo su percepción cambió abruptamente. Joe contó ante las cámaras como al llegar al Hotel Jaragua, donde se hospedaba la agrupación, Edgardo repartió a los niños en diferentes habitaciones. Según narró, en la habitación del manejador había dos camas, una pequeña que utilizarían dos de los integrantes y otra más grande para Edgardo. El empresario le ofreció quedarse en su cama, pues éste no regresaría a la habitación. A las 6:00 a.m., Edgardo llegó a la habitación y se acostó desnudo al lado del jovencito. De inmediato, Edgardo comenzó a moverse y a buscarlo. Al percatarse de las intenciones de Edgardo, se levantó asustado de la cama y se encerró en el baño a llorar. Cuando regresó a la habitación, uno de los integrantes se encontraba despierto y Edgardo se había vuelto a vestir. Cuando el joven le pidió una explicación de sus actos, Edgardo respondió llorando que eso no estaba en él, pues en ocasiones perdía la razón y se disculpó.

En lo relacionado al manejo de los asuntos económicos, los padres de Angelo, Wilson y Julie García, presentaron su versión ante las cámaras. Estos alegaron haberle exigido infructuosamente a la administración de Menudo que les mostraran los registros financieros del grupo. En vista de lo sucedido, se vieron en la necesidad de realizar todo tipo de gestión para solicitar y reclamar una investigación por parte del gobierno sobre varias acusaciones, entre las cuales surgió la evasión de impuesto por alegadamente no rendir informes sobre sus ganancias al Departamento de Hacienda. "Hemos encontrado una pared de acero. Hay alguien en las oficinas altas que le está dando protección. Hemos llegado hasta el FBI", reveló la madre de Angelo.

Por otro lado, salió a relucir que el propietario de la empresa que administraba al grupo, el Sr. Jiménez, supuestamente obligaba a los jóvenes a formar parte de un esquema de violación de ley al colocarles dinero en efectivo entre sus ropas, para así burlar y evadir al Servicio de Aduana en los aeropuertos. Raymond agregó sobre este particular que a los niños de mayor edad los encargaban de distraer a los oficiales de la Aduana, mientras que a los menores los entraban a un salón para firmar autógrafos y de esta manera, entretener a los otros oficiales. "Todo estaba muy bien diseñado. A mí me metieron cinco mil dólares", añadió el ex-integrante. La práctica aquí denunciada, de ser cierta, tenía como propósito el evadir el pago de impuestos.

Evelyn Cotty, la madre de Rubén Gómez, uno de los integrantes que fue arrestado en el aeropuerto de Miami por las autoridades locales tras descubrirle marihuana en su posesión, también fue entrevistada por Carmen Jovet. Entre sollozos, esta madre expresó haber atravesado por la peor de las pesadillas. Tomando la mano de su hijo Rubén, que se encontraba junto a ella, aseguró que demandaría a la organización de Menudo. "Esto tiene que parar", fue su última declaración.

En el mismo programa, Jovet presentó además una entrevista con el Jefe de fiscales del Departamento de Justicia de Puerto Rico, el Fiscal Pedro Gerónimo Goyco Amador. El Departamento de Justicia, junto a otras agencias gubernamentales, habían sido los grandes ausentes en toda esta controversia y quizás, de estos haber adoptado un papel más activo o al menos haber demostrado una mayor iniciativa, hubieran podido ser la pieza clave que ayudara a esclarecer toda esta controversia. Algunos de los padres de los integrantes, habían presentado una solicitud ante el Secretario de Justicia, Héctor Rivera Cruz, con copia al entonces gobernador, Rafael Hernández Colón, para que se iniciara una investigación sobre las denuncias y para la cual ponían a disposición de la justicia los testimonios de sus hijos. En la misiva solicitaron que "de surgir prueba, a raíz de esta investigación, se fijaran las correspondientes responsabilidades".

La petición, que contaba con la firma de 16 padres y niños fue recibida en la oficina del Secretario de Justicia el 4 de junio de 1991. En su respuesta oficial, el Fiscal Goyco y el Secretario Rivera Cruz se limitaron a indicar que para poder iniciar una investigación necesitaban contar con una declaración hecha por alguna de las víctimas. Ambos titulares, concluyeron su comunicación con una invitación a la comunidad para que aquel que tuviera conocimiento sobre el asunto lo informara.

En el programa de Jovet, el fiscal Goyco abundó un poco más e indicó con relación a estos hechos, que era necesario determinar si alguno de los supuestos delitos había prescrito[1] o si los tribunales de Puerto Rico tenían jurisdicción[2] sobre la ofensa cometida, pues varios de los supuestos delitos se cometieron en países extranjeros. Según el Fiscal, la carta enviada por los padres en la que solicitaban la investigación, no era base suficiente, pues no se podía determinar si hubo delito con intención criminal en la jurisdicción de Puerto Rico.

Sobre las manifestaciones del Secretario de Justicia, Héctor Rivera Cruz y el Fiscal Goyco cabe señalar que no es del todo correcto que el Departamento de Justicia sólo pude actuar cuando recibe una declaración formal de una supuesta víctima. El Departamento de Justicia y otras agencias adscritas, cuentan por ley con amplios poderes de investigación, lo que le permite tomar la iniciativa para indagar e investigar cualquier evento que pueda llevar al esclarecimiento de un crimen y la radicación de cargos criminales. Tampoco es correcta la aseveración de que los delitos habían prescrito. En el caso de delitos de naturaleza sexual, como los que se alegan que fueron cometidos contra estos jóvenes, el período de prescripción es de cinco años. Por tratarse de menores de edad, este plazo de cinco años no comienza a correr sino a partir del momento en que la víctima alcanza la mayoría de edad, esto es a los 21 años. Es claro entonces, que el Gobierno de Puerto Rico contaba con tiempo suficiente para actuar.

En cuanto a las alegaciones de que los delitos habían sido cometidos fuera de Puerto Rico, por lo que el gobierno carecía de jurisdicción para encauzar a los responsables, esto tampoco era óbice para que se actuara e investigara.

---

1 prescrito - en términos jurídicos, significa: extinguirse un derecho por el término previsto por ley para presentar una querella o reclamación.

2 jurisdicción - Es la autoridad que tiene un Gobierno para poner en ejecución o aplicar las leyes en un lugar.

Si en efecto los niños eran presionados y manipulados para que callaran y se sometieran a los designios de los manejadores de la agrupación, esta coacción no desaparecía cuando los menores visitaban la Isla y al continuar latente, Puerto Rico sí podía tener jurisdicción y base jurídica para tomar acción sobre el asunto. Además, si como se insinuó durante la controversia, algunos de los padres estaban conscientes de lo que estaba sucediendo con sus hijos y simplemente se hicieron de la vista larga, la intervensión gubernamental se justificaba aun más. En el caso de menores, precisamente por su inexperiencia y falta de madurez, el gobierno tiene una responsabilidad mayor y contrario a lo que ocurre con los mayores de edad, puede y debe ser proactivo en sus gestiones para evitar abusos, en vez de meramente reaccionar para remediar el daño experimentado y sancionar a los responsables.

Ante la inacción de la fiscalía y considerando que existía un conflicto de interés entre los fiscales, tras el caso contra Bolivar Arellanos, los padres procedieron a solicitar al Gobierno un Fiscal Especial Independiente (FEI) para atender sus planteamientos. Sin embargo, a pesar de todas las gestiones y la magnitud que alcanzó esta controversia que trascendió "jurisdicciones", el Gobierno de Puerto Rico permaneció más que mudo, totalmente inerte.

Irónicamente, Bolivar Arellanos en su conferencia de prensa inicial celebrada en la ciudad de Nueva York y que fuera el agente catalítico de toda esta controversia, había previsto esta inacción por parte de las autoridades gubernamentales. En aquel momento, Arellanos justificó no haber anunciado sus acusaciones en Puerto Rico, debido a una supuesta amistad por parte de Edgardo Díaz y su abogado, con el Gobernador Rafael Hernández Colón y el Secretario de Justica. Las supuesta relación de amistad entre Edgardo Díaz y el Gobernador, no sólo fue traida a la atención pública, por Arellanos, pues en otra ocasión la prensa neuyorquina también la había reseñado, identificando además a Díaz como uno de los contribuyentes del Partido Popular Democrático (PPD), colectividad que presidía el gobernador de entonces.

EL IMPERIO CONTRAATACA

A pesar de todo lo que se había dicho entre las partes, hasta ese momento, acusadores y acusados, no se habían enfrentado cara a cara, enfrascándose en una verdadera contienda.

El escenario del primer gran frente de batalla fue el **Show de Cristina**. Este, programa con un formato tipo "talkshow", tiene como escenario a la ciudad de Miami, Florida y es conducido por la reconocida periodista Cristina Saralegui. El mismo cuenta con millones de espectadores repartidos a través de 12 países de Latinoamérica y 581 afiliados de la Cadena Univisión alrededor del mundo. Dos programas completos fueron dedicados al "Caso Menudo". Esta vez, Edgardo Díaz decidió tomarse un riesgo calculado y sentarse en un panel de invitados junto a varios de sus acusadores.

En el panel se encontraban, el ex-menudo Ralphy Rodríguez junto a su padre, el Sr. Rafael Rodríguez, el Sr. Ramón Acevedo (padre del ex-menudo Raymond), la Directora de la Revista TV y Novelas de Puerto Rico, Zoraya Zambrano (conocida actualmente como Soraya Sánchez), Edgardo Díaz y el Licenciado Orlando López, este último, abogado de Edgardo. En el público, también estuvo presente Adrián Olivares, el único de los integrantes que permaneció en la agrupación luego de la famosa ruptura, el Sr. José Antonio Jiménez, propietario de Menudo, los nuevos integrantes que junto a Adrián formarían el quinteto en su nueva etapa y sus padres.

Cristina inició su programa, llamándolo "Menudo escándalo". Como era de esperar, durante la transmisión volvieron a surgir las mismas alegaciones e imputaciones contra Edgardo Díaz y la gerencia de Menudo. Concretamente, Ralphy y los dos padres presentes, lanzaron las acusaciones y presentaron pruebas con las que alegaban sustentar sus declaraciones. Frente a este ataque, la estrategia de Edgardo y de su organización se mantuvo inalterada. Su participación y sus intervenciones iban dirigidas hábilmente a desviar la atención y sacar fuera de contexto los planteamientos y acusaciones para así, crear dudas e interrogantes sobre las mismas. Edgardo, conocía muy bien a sus acusadores y en el programa fue evidente su intención de manipular las personalidades de los padres de los ex-integrantes, para enfrentarlos entre sí. Así, ponía en práctica el conocido precepto de "Divide y vencerás".

Cristina inició su interrogatorio preguntando a Ralphy sobre el motivo que lo llevó a querer ser parte de Menudo. Ralphy explicó que en un principio, como tantos jóvenes era fanático de la agrupación y que aspiraba a ser artista, viajar, conocer muchachas y ser querido por la gente.

Luego le preguntó a Ralphy sobre las alegadas "reglas de Menudo". A esto, el joven le indicó que se trataba de una especie de acuerdo interno de que todo lo que pasara en el grupo, se mantuviera entre ellos y no se le mencionara a nadie. De inmediato, Cristina cuestionó: "¿A nadie, ni a tus padres?" y Ralphy respondió: "específicamente a los padres".

Más adelante, Ralphy contó nuevamente la historia que había revelado en el programa "Controversial" de Carmen Jovet en donde narraba como Edgardo Díaz "le cayó a puños" al finalizar un concierto, porque alegadamente durante una de las presentaciones había tarareado las canciones en los coros por encontrarse en el proceso de cambio de voz, característico de los adolescentes. Sobre este particular, Cristina preguntó:

— **¿Eso era normal, qué Edgardo les cayera a puños?**

Ralphy:

—Sí, nos daba bofetadas y eso...

Cristina: (preguntándole a Ralphy)

— **¿Qué tenían que hacer ustedes para que les dieran una bofetada?**

Aquí, Edgardo intervino hábilmente e impidió que Ralphy continuara con el desarrollo de su pensamiento. Este respondió en lugar de Ralphy: "escupirle la cara a alguien, agarrarle los senos a una mujer, faltarle el repeto a las personas...."

Edgardo explicó que cuando le pegaba a alguno de los niños lo hacía como cualquier padre lo haría, al tiempo que reconoció que nunca había negado haberlos corregido de esa forma. Entonces, argumentó que nunca les había "entrado a burrunazos", con correas o palos para pegarles. Añadió que él sentía un gran cariño por Ralphy.

Ralphy refutó lo dicho por Edgardo e incluso reveló que éste los amenazaba constantemente con que "les cambiaría la voz", lo que significaba que los expulsaría del grupo, utilizando como excusa este cambio fisiológico.

No bien Ralphy terminó de hacer estas expresiones, cuando Adrián Olivares, como si respondiera a una indicación preacordada o un libreto previamente ensayado, brincó de su asiento en el público para intervenir en la discusión y frente a las cámaras justificó las golpizas de Edgardo a los niños, como un acto normal y similar a los problemas que ocurren cuando se vive con los padres.

Cristina le preguntó si a él le habían pegado y respondió que sí, porque se lo merecía, pues él mismo reconocía que era el más inquieto de todos los integrantes. Incluso, Adrián señaló que sus padres habían concedido autorización a Edgardo para pegarle.

A esto Ralphy replicó que una cosa era que su padre lo reprendiera y otra cosa era que Edgardo le pegara a los puños, pues su padre nunca le había pegado de esa manera y tampoco había autorizado a Edgardo a que lo hiciera. Cristina, aprovechó la ocasión para destacar lo serio del planteamiento, al indicar que en los Estados Unidos ese tipo de actuación se catalogaba como "child abuse" (maltrato de menores) y que incluso, una maestra de escuela no podía pegarle a un niño porque podía terminar presa (en la cárcel).

El nombre de Bolivar Arellanos no podía estar ausente en este programa. Con respecto a esta personaje, la organización de Menudo asumió de inmediato la ofensiva con el objetivo de afectar su imagen y destruir su credibilidad. El representante legal de Edgardo, el Licenciado Orlando López, acusó a Arellanos de operar en la cuidad de Nueva York un establecimiento comercial para la venta ilegal de mercancía relacionada con Menudo. Edgardo abundó y aclaró que este individuo no gozaba de la confianza de la administración del quinteto, ni tenía acceso al mismo. Sin embargo, en cuestión de segundos estas declaraciones quedaron en entredicho.

Otra de las panelistas presentes, Soraya Zambrano, en aquel entonces Directora de la Revista TV y Novelas de Puerto Rico, indicó que Arellanos tenía acceso a tomar fotos en los conciertos. Rafael Rodríguez, el padre de Ralphy, intervino para mostrar unas fotos a las cámaras de televisión y cuestionó cómo era posible que un hombre que no era confiable ni tenía acceso al quinteto, pudiera aparecer en varias fotos posando junto a Menudo, Edgardo Díaz y el Secretario General en las Naciones Unidas. En otra de las fotografías presentadas, aparecía el propio Arellanos haciendo entrega de un cartel ("poster") de Menudo a la esposa del Secretario. Con estas fotos, el Sr. Rodríguez trató de establecer que no era correcta la versión de que Arellanos era sólo un fotógrafo más y que por lo contrario, gozó de la confianza de Edgardo y de la administración de Menudo. Anteriormente en otros foros, Bolivar Arellanos había explicado que la visita de Menudo a las Naciones Unidas fue gestionada a través de su persona. En primera instancia, él coordinó para que el conjunto asistiera al organismo durante una recaudación de fondos para Perú. Posteriormente, las Naciones Unidas le informaron a Arellanos su interés de nombrar a los jóvenes del quinteto "Embajadores de buena voluntad".

El padre de Ralphy también reveló que el propio Arellanos le mostró como evidencia algunas copias de contratos con Padosa que le daban derecho de vender mercancía de Menudo. Ante esta sorpresa, Edgardo sólo pudo responder que esto occurrió en los inicios de su relación comercial con Arellanos y que los contratos sólo existieron por un tiempo, lo que estaba en total contradicción con su manifestación inicial en el programa. Don Rafael concluyó su exposición alegando que Arellanos le mostró facturas que ascendían a $400 mil dólares y que el propio Edgardo le había instruido a éste que las entregara marcadas para efectos de promoción, con el propósito de evitar pagarle regalías a los niños.

Una de las estrategias adoptadas por la gerencia de Menudo durante la crisis, fue reclamar públicamente que de existir alguna evidencia sobre las acusaciones que se habían vertido en su contra, las presentaran ante un tribunal. En el programa de Cristina esta estrategia volvió a utilizarse con efectividad. Edgardo y su abogado, instaron a no continuar con el debate público y retaron a todo aquel que tuviera alguna prueba a que la llevara al tribunal y los acusaran en el foro correspondiente. Este reto no fue contestado satisfactoriamente por los acusadores allí presentes. El padre de Ralphy afirmó que no había demandado a Edgardo porque éste había hecho movimientos estratégicos con sus propiedades y dinero, lo que daba a entender que era imposible poder recobrar alguna suma del mismo. El señor Acevedo expresó razones similares. No obstante, ninguno de los dos padres explicó por qué no instaron a las autoridades a que se iniciara una acción de naturaleza criminal contra Edgardo.

Con este reto directo no contestado de manera efectiva, Edgardo, una vez más logró su objetivo de sembrar dudas y afectar la credibilidad de sus adversarios. Aquí resulta recordar, que no empece la supuesta disponibilidad de Edgardo de comparecer a un procedimiento judicial, en el caso contra Bolívar Arellanos, la presencia física de éste nunca pudo obtenerse.

En otro asunto de naturaleza económica, Ramón Acevedo, padre de Raymond reveló a Cristina que la administración de Menudo, le adeudaba alrededor de sesenta mil dólares. Según el Sr. Acevedo, al momento de su hijo integrar el quinteto, el contrato firmado con Padosa establecía un sistema salarial de pagos. Más adelante, el 29 de octubre de 1987, Edgardo solicitó a los padres de los integrantes, la renegociación de los acuerdos contractuales relacionados a las estructuras de pago, en vista de que Padosa atravesaba por un momento de dificultades económicas. Acevedo, preocupado por el cuadro económico que Edgardo les representó y por el aprecio que sentía por la organización, fue cooperador y accedió a la propuesta de Díaz de recibir ingresos basados en porcientos de las ganancias de la compañía (Padosa), a diferencia de un salario fijo y garantizado, como se había establecido en un principio. Luego de acceder al cambio, el Sr. Acevedo alegó haber sido burlado en su buena fe, pues posteriormente se enteró que desde mayo de ese mismo año, es decir cinco meses antes de acordar el nuevo arreglo de pago con un mayor riesgo económico para los niños, Edgardo Díaz había vendido la empresa Padosa a Beresford Finance, cuyo administrador lo era José Antonio Jiménez. Para sorpresa y decepción de los padres, la nueva compañía que administraría la agrupación no quiso hacerse responsable por los acuerdos que Edgardo había negociado con ellos.

En el segundo de los programas, Cristina abarcó temas aun más delicados y de mayor intensidad. El primero de ellos fue el problema de las drogas dentro de la agrupación, asunto que trascendió a la luz pública a raíz del incidente en que se vieron involucrados dos de los ex-integrantes en el aeropuerto de Miami. Sobre este punto, Edgardo alegó que tomaba acción inmediata tan pronto se enteraba y le informaba del hecho a los padres del niño afectado. De igual manera, Díaz intentó establecer que el problema de drogas no era uno al que los jóvenes se exponían por ser parte de su organización, ya que el mismo podía surgir en los propios hogares de los integrantes, durante el tiempo que estos se encontraban bajo la supervisión de sus padres.

A esta insinuación, Ralphy ripostó diciendo que ellos sólo estaban con sus padres un máximo de dos meses al año entre una y otra cosa. De igual modo, el Sr. Acevedo se dirigió a Cristina para aclarar que Menudo no era cualquier experiencia ordinaria a la que se exponen los jóvenes en nuestra sociedad. "Menudo era cinco niños encerrados, guardados, protegidos por un grupo de personas. Ellos no tenían vida independiente, ni salían solos, a menos que llegaran a Puerto Rico", recalcó el padre de Raymond.

Edgardo, conocía las polémicas que en el pasado habían surgido entre el Sr. Rodríguez y el Sr. Acevedo. Así que aprovechó la oportunidad, para elogiar la manera en que este último lidió con el problema de drogas del que su hijo, Raymond fue víctima. De este modo, Edgardo lograba neutralizar al Sr. Acevedo, ganarse su favor por los próximos minutos del programa y lo desarmaba con un tema tan doloroso para cualquier padre como lo es el que un hijo haya atravesado por una crisis de droga.

Finalmente, Cristina abordó el tema de las acusaciones de abuso sexual contra algunos de los integrantes. La moderadora le cedió la palabra a Ralphy para que narrara su experiencia como testigo de incidentes de esta naturaleza. Ralphy, al iniciar su exposición hizo despliegue de buena fe e inocencia cuando se dirigió a Edgardo, y le dijo: "Cuando yo lo cuente yo sé que te vas a recordar". Entonces Ralphy comenzó su narración:

> — En Argentina, yo no tenía cuarto porque todos los cuartos estaban ocupados. Tenía una cama al lado de la puerta del cuarto de Edgardo en el segundo piso. Subías las escaleras, había un balcón. A la hora de dormir estaban todos para acostarse y yo estaba en mi cama. El [Edgardo] subió con uno de los muchachos al cuarto de él.

Edgardo, interrumpe y abruptamente dice: "Di el nombre", en un intento por retar a Ralphy a que dijera el nombre del integrante al que aludía en su historia.

> — Yo no voy a decir el nombre", respondió Ralphy.

Molesto con el reto y la actitud de Edgardo, el padre de Ralphy, Don Rafael respondió a la pregunta de Edgardo y mencionó el nombre del integrante al que Ralphy se refería en su historia.

En el programa, Cristina explicó al público que por tratarse de un tema en extremo delicado que involucraba a menores de edad, ninguno de los nombres saldría al aire. Por la misma razón, nosotros tampoco lo revelaremos. Además, esta historia es parte de un pasado que de haber sido cierto, seguramente no desea ser recordado por ninguno de los integrantes que pudieron haber vivido esta experiencia. En vista de esta realidad, no es nuestra intención remover el dolor ajeno. Si por el contrario, estas alegaciones carecieran de fundamentos, tampoco es nuestro propósito empañar la imagen de éste o cualquier otro joven que se abre camino en este difícil campo.

Retornando al incidente en el programa de Cristina, Edgardo añadió que sus enemigos sistemáticamente mencionaban un nombre, porque éste era exitoso. A pesar del intento de Edgardo de desviar el tema, Ralphy solicitó que se le permitiera concluir su exposición y continuó señalando:

> —Yo estaba acostado en mi cama y la puerta estaba aquí, a mi izquierda [señalando la ubicación de la entrada del cuarto de Edgardo]. El sube con el muchacho a la hora de dormir. ¿Por qué él tenía que entrar al cuarto de Edgardo? [Se refería a la entrada del integrante a la habitación del manejador]. Entra con Edgardo, cierra la puerta y prende el radio.

De acuerdo a su costumbre, Edgardo interrumpe una vez más al joven, para señalar que no había un radio en su cuarto. Ralphy, lo ignora y prosigue:

> — No podía dormir porque el radio estaba muy alto. Cuando yo abro la puerta para decirle: "Mira, Edgardo baja el radio un poquito", veo que él estaba con el muchacho.

Cristina, pregunta sobre la posición del muchacho:

— ¿Cómo estaba?

Ralphy respondió:

— El muchacho estaba detrás de él.

Cristina insiste para establecer la situación, por lo que pregunta directamente:

— ¿Teniendo relaciones sexuales?

A lo que el joven respondió de inmediato:

— si, lo vi con mis propios ojos.

Aquí, resulta interesante analizar el comportamiento de Edgardo en los momentos en que se le hacen las imputaciones más severas. En primer lugar, evita hablar directamente de la acusación formulada en su contra. Como segundo punto de su estrategia, su intervención se circunscribe a interrumpir la narración libre y fluida de su acusador, para aprovechar la ocasión e insertar otros temas o controversias no relacionadas o poco pertinente a lo que se está discutiendo. Sus intenciones son claras: desviar la atención, desconcertar a su interlocutor, crear confusión y restar validez a las aseveraciones hechas sobre su persona.

Conforme a la estrategia expuesta, Edgardo intenta desviar, la situación y sacar el asunto de su contexto. Muy astutamente le dice a Cristina que el padre estaba manipulando a Ralphy y de pronto recordó "con mucha tristeza", una supuesta conversación en la que los padres del joven le admitieron que éste tenía cuatro años de retraso (mental). El objetivo de Edgardo, era claro, si su joven acusador tenía cierto grado de retraso o algún tipo de problema mental, entonces muy bien pudo haberse inventado su relato o al menos, mal entendido la situación que describió como un abuso sexual.

El padre de Ralphy reaccionó airado y acusó a Edgardo de mentir, ya que nunca hubo tal reunión ni conversación de esa naturaleza con el manejador del quinteto. Para apoyar su alegato, dejó saber que su hijo poseía un coeficiente intelectual ("I.Q.") de 160.

Los ánimos comenzaban a caldearse. Fue entonces cuando Don Ralph, más airado aún por la controversia que se ventilaba en el estudio, le dice a Edgardo:

—Yo te dije a ti una vez: "Edgardo tu me tocas a mi nene y yo te meto un tiro en la cabeza y no tengo que llevarte a la corte porque estás muerto...", hasta después que me enteré de lo que hiciste. Y cuando te enteraste que yo lo supe, me tenías miedo.

En medio de toda la controversia y a raíz de la exaltación de los ánimos de todas las partes, Cristina pareció haber mal entendido las palabras del padre de Ralphy, quien pretendía citar algo que como amenaza le había dicho a Edgardo en el pasado. En ese momento, ella interpretó el relato como una amenaza nueva y real por parte de este señor hacia Edgardo en medio de su programa. Por lo que tomó la palabra y molesta por la situación, le llamó la atención a Don Ralph y le prohibió que amenazara a alguien en su programa porque eso era un delito.

Don Ralph trató de explicar que él estaba citando palabras que en el pasado y en medio de una disputa, había dicho a Edgardo y no amenazándolo en el programa. Sin embargo, su impaciencia impacientó a Cristina y jamás se entendió esto en el programa. Don Ralph no tuvo la oportunidad de explicarse. Ante todos pareció como una amenaza real de este caballero a Edgardo. Otro golpe de suerte para el empresario. El incidente que acababa de ocurrir le brindaba una ventaja sobre el padre de Ralphy, pues a nadie le simpatiza presenciar lo que aparentó ser una amenaza de muerte a otra persona. Los acusadores habían sido puestos a la defensiva. Sin desperdiciar un sólo segundo, el Lcdo. Orlando López capitalizó el incidente para defender a su cliente y afirmar que lo ocurrido era un delito. A esto, Cristina asintió.

Lo ocurrido, no evitó que Ralphy continuara narrando sus experiencias en las que alegadamente había sido testigo ocular de hechos que podían juzgarse como de tipo sexual. En esta ocasión, su relato sería más dramático, pues se trataba de una experiencia propia. El mismo se inició de la siguiente manera:

> — Cuando estábamos en "la loma" [residencia de Edgardo en Caguas] ensayando, yo estaba cambiándome arriba en el cuarto.

Edgardo, fiel a su estrategia, volvió a interrumpir para preguntar en qué cuarto, asunto sin ninguna pertinencia a la controversia, pero que le permitía consumir tiempo del programa y distraer tanto a la audiencia como a su acusador. Ralphy no titubió y respondió con exactitud:

> — El [Edgardo] entró y se me acercó. Yo lo vi, pero dije: "Ah, Edgardo" [restándole importancia a su presencia]. Vino a mi desde atrás. Me iba a tocar las partes privadas y yo lo empujé.

Entonces, hablándole a Edgardo directamente, Ralphy le dijo: "Y esa fue una de las veces que tu me caíste a puños."

Edgardo le cuestionó que si todo eso era cierto, por qué había permanecido en el grupo. Cristina secundó la interrogante. Ralphy explicó que si su papá no lo hubiese sacado del grupo, él se hubiese quedado como hicieron todos los demás integrantes. A renglón seguido, agregó:

— Cuando entras al grupo eres un fanático, como las chicas. Cantamos, tenemos chicas, dinero, somos personas a las que la gente quiere. Y si ese era el precio de estar en Menudo, que me cayeran encima, pues mira, gracias a Dios que no me pasó lo que a otros que usaron drogas y fueron abusados sexualmente.

Cristina lo explicó más claramente y con una sola oración que lo resumió todo: "Estos chicos se iban enviciando poco a poco". El padre de Raymond abundó sobre este punto. Según su teoría, la fama, las chicas, factores psicológicos, sociales, el sentirse grandes e importantes, hacían posible que estos jóvenes toleraran lo ocurrido y permanecieran en la agrupación, a pesar de lo que veían y de atravesar experiencias de esta naturaleza.

La editora de la Revista TV y Novelas de Puerto Rico, Soraya Zambrano, también comentó que cada vez que un integrante renunciaba, como fue el caso de Ralphy, Raymond y Angelo, entre otros, surgían rumores sobre abuso sexual y drogas. Sin embargo, no fue hasta la renuncia en masa de cuatro integrantes que estos rumores tomaron mayor relevancia. A raíz de este evento, su revista consideró que la situación ameritaba de una investigación periodística más profunda. Toda una serie de ejemplares fueron publicados con entrevistas y reportajes de los diferentes ex-integrantes, padres y personas que de algún modo laboraron cerca del quinteto y que iban dirigidos a investigar a fondo las acusaciones que se habían vertido contra la administración de Menudo.

Para atacar la labor de la revista y la credibilidad de sus reportajes, Edgardo alegó que en estas ediciones habían entrevistado a personas que no guardaban relación con la agrupación y mencionó dos nombres de entre más de diez entrevistas que la revista logró realizar. Además, cuestionó por qué no se contactó a quien fuera el coreógrafo del quinteto, Jose Luis Vega ("Joselo") y al profesor que ofrecía clases a los niños.

Ante estas imputaciones, Soraya respondió con mucha seguridad, que en efecto habían realizado varias gestiones para entrevistar a Joselo, pero que no fue posible. Incluso, explicó que en el último de los intentos, Joselo se encontraba en Chile con la cantante mexicana, Yuri, con quien había comenzado a trabajar desde hacía algún tiempo y aseguró que la mayoría de las entrevistas se efectuaron a los jóvenes que habían formado parte del quinteto.

Nuevamente, Edgardo intentó poner en tela de juicio la credibilidad y las intenciones reales de la revista, al alegar que esta publicación nunca se había dedicado a la investigación periodística. Soraya, respondió con aplomo y le dijo que como periodistas que eran tenían una responsabilidad social. Indicó además, que su revista no era un organismo de relaciones públicas y más cuando se trataba de un asunto que involucraba niños.

Cuando examinamos las versiones ofrecidas por las partes desde el desarrollo inicial de la controversia, encontramos dos acercamientos o enfoques totalmente distintos. Las declaraciones de Edgardo y las estrategias de combate de la administración de Menudo se caracterizaron por su consistencia y planificación evidente. La improvisación nunca fue parte de sus actuaciones. Sus acusadores por el contrario, en muchas ocasiones parecieron no estar lo suficientemente preparados. Igualmente carecían de la perspicacia y dominio de los medios, tan necesarios para enfrentar un foro.

La intervensión de Egardo Díaz en el programa de Cristina, es un ejemplo de como un problema o situación difícil, si es manejada adecuadamente puede transformarse en una oportunidad de relaciones públicas. Con su participación, Edgardo no sólo logró crear dudas y afectar la credibilidad de sus atacantes, sino que además en los últimos minutos del programa, aprovechó la ocasión para presentar a los nuevos integrantes del conjunto, junto a sus padres, quienes hablaron muy bien de Edgardo. El mensaje era claro. Aquí no había pasado nada y Menudo continuaba su curso como hasta ese entonces lo había hecho, junto a su creador y genio principal.

LOS RENUNCIANTES CUENTAN SU HISTORIA

Desde el momento en que se desencadenó el escándalo de Menudo, ninguno de los jóvenes, que con su renuncia precipitó este evento, había presentado su versión al público. El testimonio de estos se escuchó por fin pocos meses después, cuando dos de los renunciantes fueron entrevistados por Miriam Solainne para la reconocida revista de farádula TV y Novelas de Puerto Rico. En las entrevistas se hicieron interesantes revelaciones que confirmaron las acusaciones que anteriormente habían sido dilucidadas públicamente.

Los dos ex-integrantes entrevistados fueron Robert Avellanet y Rawie Torres, quienes luego de abandonar a Menudo habían organizado junto a otros tres jóvenes puertorriqueños el grupo juvenil de rock "Euphoria". A pesar de haber sido los precursores de toda la polémica, ambos jovencitos se habían mantenido al margen de las acusaciones e imputaciones hechas contra la administración del quinteto. Sus comentarios se habían limitado a informar su renuncia al grupo, básicamente por razones económicas y relacionadas al trato que recibieron en la agrupación. La **Revista TV y Novelas** logró obtener las declaraciones por parte de Robert y Rawie con relación a su súbita renuncia. Las siguientes citas son fragmentos de estas entrevistas.

Miriam:

—¿Cómo fueron tus experiencias en Menudo?

Rawie:

—Si hubo buenas experiencias y momentos agradables como en todo sitio, pero había una serie de cosas que al principio no nos dábamos cuenta. Yo le llamo "magia" de Menudo. Entras con el deseo de estar en ese grupo tan famoso, te sientes feliz. Oyes malas palabra, regaños de todo, pero era como si no lo escucharas porque estabas tan feliz que preferías ignorarlo. Cuando pasa el tiempo y realizas [sic] que siguen ocurriendo las mismas cosas, te dices: espérate, me están faltando el respeto diariamente, me equivoqué en algo como humano que soy y tengo derecho a hacerlo y me regañan. Hay tantas formas de tú tratar las personas y de decir las cosas sin tener que caer en palabras ofensivas. Me molestaba mucho que a mitad de concierto, que tú te sientes feliz y tu adrenalina está arriba, cuando hacíamos el cambio de ropa en el receso, llegaba Edgardo Díaz a decirnos ustedes son una mierda. Son unos mojones en el escenario, no sirven. Esas no son formas de tratar a nadie. A veces se agarraba de la excusa de que no teníamos ánimo para decirnos todo aquello. Eran drásticos sus cambios de personalidad.

Miriam:

—Me cuentas que viste un incidente con Robert. ¿Cuál fue?

Rawie:

—Yo presencié cuando Edgardo agarró por el pelo a Robert. Robert estaba todavía bajo esa magia. Cuando Edgardo se acercó a pedirle perdón, Robert dijo: no hay problema, yo voy a decir que no pasó nada, porque a mí me gusta estar en el grupo y no quiero que tú me botes.

Eso fue lo que hizo Robert. El no tenía por qué cogerlo por el pelo. Ibamos a una radio y Robert se estaba peinando, Edgardo llegó y le dijo: "Puñeta, avanza; cuando le contestó que se estaba peinando, lo sacó del cuarto por el pelo. Yo vi cuando lo venía trayendo. Robert tuvo que negar en entrevista que había sido cierto porque no quería arriesgarse a que lo sacaran de Menudo".

Estas declaraciones de Rawie confirman las que anteriormente y sobre el mismo incidente había hecho otro de los integrantes, Angelo García en el programa "Controversial" de Carmen Jovet. El supuesto protagonista de este incidente de violencia física, Robert Avellanet, ofreció su versión sobre estos hechos:

—Recuerdo que Angelo [otro de los ex-integrantes] lo dijo en un programa de televisión y yo lo negué rotundamente porque sabía que si yo lo decía, me expulsaban de Menudo. Estábamos en Venezuela, yo me estaba peinando en el baño, él tenía prisa porque salíamos a grabar al estudio. Le dije voy ahora, y me ha cogido por el pelo... Sin mentirte, me ha arrastrado, me ha tirado, que caí en el pasillo. Yo me quedé, imagínate. Me sentí super mal, bien triste. Decidí callarme, no se lo dije a mi mamá. Sabía que si se lo decía se iba a formar y yo no quería dejar el grupo. Edgardo siempre fue una persona que no podía controlar sus nervios. Por ejemplo, te iba a regañar y nunca lo podía hacer de un modo pasivo, siempre tenía que gritarte y hablarte malo. Otra cosa que pasó recientemente, durante la grabación de "Menudomanía", fue que estaban haciendo una toma al público, nos pidió que nos colocáramos detrás de la cámara para que la gente se viera emocionada. Sin querer nos cruzamos al frente, nos pegó un grito que lo que faltó fue que nos diera, yo me sentí tan y tan mal. Su psicología era que nos hacía cosas así y después venía a pedirte perdón. Como estudió psicología, nos decía que era el "stress", nosotros le cogíamos pena y lo perdonábamos.

Robert Avellanet, también relató incidentes adicionales de maltrato contra otros compañeros:

— Edgardo le cayó a puños a Adrián. Llegando a "Amnezzia Boutique" (una tienda que suplía vestuario al quinteto), en el carro de Miguel Ubiñas, (Adrián) iba al frente, atrás íbamos Edgardo, Edward y yo. Empezamos a discutir porque estaban jugando de manos. Adrián tenía los lentes de Edgardo y se los tiró en la falda. ¡Edgardo se puso...! Le ha entrado a puños a Adrián. Descontrolado total, y como un loco gritándole. Edward se tuvo que meter, lo agarró por los brazos y Adrián, super nervioso.

Estos no fueron los únicos relatos sobre los alegados abusos físicos que experimentaban los jóvenes que formaron parte de Menudo. Rawie reveló otros ejemplos concretos:

— A Jonathan le pegaron también. Era juguetón y travieso. Nos decía que a él no lo entendían, que no tenían por qué pegarle. Le pasaba igual que a nosotros, él no quería decir en el momento que le habían pegado. Siempre dábamos la oportunidad porque hacer este trabajo es lo que nos gusta. A Jonathan le pegaban duro por la cabeza y eso yo lo vi.

Miriam:

— **También se decía que trabajaban enfermos. Te pregunto, ¿por qué no los habíamos escuchado hablar antes sobre todo esto?**

Rawie:

—Estábamos en Miami, me dieron fiebres muy altas, vómitos y diarreas. Pensé que era la monga. La mamá de Robert estaba allá, fue para la Calle 8 (festival). Me seguí poniendo peor y la mamá de Robert decidió llevarme a un médico. En el cuadro clínico no se reflejaba si era una hepatitis, meningitis o una mononucleosis. Pero, sí se sabía que era algo de eso. El médico le dijo que de ello podía depender mi vida y que en las próximas ocho horas podían ya ingresarme en un hospital. Jiménez dio instrucciones de que me llevaran de vuelta al hotel para hablar conmigo. Le pedí que me ingresara al hospital porque estaba muy mal. El decidió dejarme en el hotel y enviarme al otro día a Puerto Rico. Algo pasaba con la tarjeta del plan médico que él hubiera tenido que pagar el hospital y eran como $800.00 diarios. El médico le dijo a Maribel, la mamá de Robert, que como eso le sonaba a corte, llenó unos papeles diciendo las recomendaciones que le indicó a Jiménez que se tenían que tomar. Trabajé enfermo como en cuatro ocasiones. En México, una vez tenía fiebre bien alta, era un concierto y Edgardo me dijo que hiciera el concierto porque eso iba a hacer que se me quitara lo que yo tenía. Que las luces y los bailes me lo quitaban. Yo me lo creía. Tú no ves que como era lo que a mí me gustaba, pues no importaba, yo lo hacía. Como que no caía en cuenta, ya después me empecé a dar cuenta y dije: ¡Contra, me están haciendo trabajar enfermo! Pero, no me atrevía a decir nada por miedo a que me expulsaran. Edgardo siempre nos decía que había botado a Ralphy Rodríguez del grupo porque se quejaba de estar enfermo para no hacer los conciertos. Edward y Jonathan tuvieron que hacer radio en México con hepatitis. Edward estaba bien mal y me decía que cómo era posible que lo hicieran trabajar así, pero Jiménez decía que había que hacerlo porque esa entrevista era muy importante.

La periodista, preguntó entonces acerca de las alegaciones de que en la organización de Menudo enfrentaban a los integrantes con su familia. A esto Rawie contestó:

—De todas las cosas que pasaban yo creo que la peor de todas, incluyendo las malas palabras, faltas de respeto y que me dieran, era cuando ellos trataban de ponernos en contra de nuestros padres. Una vez que yo me quería hacer una pantalla, hablé con mis padres y ellos no estuvieron de acuerdo. Decidí no ponérmela y entonces el señor Jiménez me dijo: no le hagas caso a tus padres, haz lo que te dé la gana. Ellos estaban encargados de nosotros, pero no eran nuestros padres para decirnos, hazlo. Ellos nos decían que nosotros no teníamos que rendirles cuentas a nuestros padres, y Jiménez nos decía: ¿por qué tienen que estar diciéndole a ellos? Ustedes ya son grandes y pueden hacer lo que les dé la gana.

En cuanto a los conflictos de naturaleza ecónomica que afectaron la organización y que eventualmente aceleraron la salida de estos jóvenes del quinteto, Robert Avellanet, señaló:

— "Entré en noviembre de 1988. Entré super contento y emocionado, en una magia de la que me fue muy difícil despertar. Al pasar el tiempo, ver las cosas que sucedían y darme cuenta de cómo nos estaban utilizando, decidí junto a mis compañeros retirarme. Nos hacían trabajar hasta catorce horas en un día y encima ganábamos, se puede decir, una miseria. Todavía en este momento no nos han pagado los conciertos en el Caribe Hilton, ni la Calle 8. Del disco "No me corten el pelo" nunca me pagaron nada y de "Los últimos héroes", que fue disco de platino en Venezuela, me dieron $600.00. Tampoco cobré los últimos "Menudomanía". Sinceramente y opino que Edgardo es una persona bien variada, porque tiene dos caras. De momento te trata bien y al rato muy mal".

El papel desempeñado por Adrián Olivares dentro de toda esta controversia, también fue abordado por la periodista Solainne. Adrián, como recordaremos, fue el único joven que permaneció en Menudo, cuando se sucitó la salida en masa de los restantes cuatro integrantes. Sobre el tema Rawie señaló:

—Adrián era la persona que más quería salir de Menudo. Edward me contó que la vez que Edgardo le dio a Adrián, se tuvo que meter para que no le siguiera dando. El día que nos salimos, que la prensa lo sacó, vinimos a la casa de Maribel [madre de Robert] después. Adrián no quería de ninguna manera volver a la casa de Jiménez, que era donde se estaba quedando su mamá y él. La mamá estaba preocupada porque tenían todas sus cosas en la casa y tenían que ir a buscarlas, pero Adrián le pedía que se fuera sola. Desde como cinco meses antes de salirnos, Adrián nos decía: ustedes se quejan, pero lo de ustedes es más que palabras. Yo no veo que ustedes hagan ninguna acción, ni sus padres tampoco de salirse ya. No se mueven. Nosotros siempre le decíamos que lo cogiera con calma, siempre le dábamos a Menudo otro "break", pero las cosas seguían. Un día le dijimos a Adrián: ahora es. Porque lo de nosotros era más que de palabra y no hacíamos nada. Le dijimos que esta vez era de verdad. El no puede decir que no lo sabía o que no se los dijimos, porque él era el primero que quería irse. Yo personalmente se lo dije. En un momento dudé porque temía que se lo dijera a Jiménez, pero sí hablé con él. Aquí mismo cuando llegamos del abogado, antes de irse, le decía a su mamá que ya no quería verle la cara a Jiménez, ni aguantarle más insultos. Su preocupación era que si antes pasaba, ahora sería peor. Estuvo discutiendo con su mamá hasta que ella se lo llevó. Se metieron a la casa y ya no salieron más. Adrián tenía el deseo de salirse, por eso es que yo no entiendo.

La declaración de Rawie sobre Adrián Olivares, contradice la versión ofrecida por la gerencia de Menudo en la conferencia de prensa convocada por esta organización para presentar su posición sobre la salida de los cuatro intengrantes del conjunto. Allí en todo momento se enfatizó el deseo del joven mexicano de continuar en Menudo y su total desacuerdo con la actitud y determinación tomada por los restantes cuatro integrantes del conjunto. ¿Quién tenía la verdad de su lado? La respuesta a esta interrogante, hasta el día de hoy se desconoce.

Como era de esperar el tema de los supuestos abusos sexuales no podía obviarse en la entrevista. Sobre este asunto tan delicado Rawie, relató lo siguiente:

—Edgardo se pasaba echándome el brazo mucho, pero yo nunca sentí malicia. Pensaba que eran gestos de cariño. Adrián me comentaba que pensaba que Edgardo era homosexual. Me hicieron muchos comentarios de él, hasta las fanáticas. A mi me dijeron que Roy (Roselló) había sido amante de Edgardo, me lo dijo Sergio y yo no sé quién se lo dijo a Adrián, pero también me lo comentó, y también me lo dijo René. Varios ex-menudos que estuvieron más tiempo en el grupo me hicieron esos comentarios. Que todos se lo hayan inventado es fuerte. También, Adrián me contó que una noche, mientras se quedaba en casa de Edgardo, como a las 10:00 de la noche, él le dijo que lo iba a llevar a casa de Jimenez y que lo recogería en dos horas porque tenía una reunión allí. Como a las 2:00 de la mañana lo buscó de vuelta, dicho por Adrián, dijo que se encontró con la cama revuelta, un paquete de condones y un lubricante. Con Edward notamos que el cariño de Edgardo era demasiado. Se pasaba comparándolo con Roy Roselló. Decía que se le parecía mucho en el físico. Le echaba el brazo y le hacía siempre ese comentario. Fíjate, y no pienses que es cuestión de celos ni nada parecido, son observaciones, pero Edgardo jamás nos hizo un regalo para los cumpleaños. A Edward le regaló una tabla de "surf", en la casa suya le tenía un cuarto para Edward. Nosotros siempre le decíamos a Edward que tuviera cuidado, se lo decíamos como en broma, pero le advertíamos para que estuviera pendiente. El decía que como lo tocaran le iba a caer encima al que fuera. Fue rarísimo, porque después que renunciamos, Jiménez vino a decir que a Edward ya lo habían despedido. ¿Cómo pueden despedir a una persona que renució? Jiménez nos decía que para uno saber que uno era hombre tenía que dejar que otros hombres se lo... Así, si te gustaba , entonces sabías que eres hombre. Yo le dije entonces: ¿Tú eres hombre o no? Me contestó que sí, que él lo era. Y le dije: ¿entonces tú probaste? Y me contestó: Por supuesto que probé. Y le dije: ¿Te gustó? Me contestó: No, no me gustó. Soy hombre.

Esta última declaración fue hecha también por Raymond en el programa "Controversial".

Los reportajes investigativos de TV y Novelas, examinaron y revelaron otros incidentes e interioridades impactantes relacionadas indirectamente con la controversia entre la administración de Menudo y ciertos ex-integrantes y sus familiares. Una de las más sorprendentes fue la muerte de un tecladista de la banda, a causa de una sobredosis de cocaína mezclada con otra droga. El músico, alegadamente se encontraba en la habitación de uno de los integrantes en un hotel del estado de Kansas, mientras ambos consumían la droga. Cuando ocurrió el incidente, el joven y la administración de Menudo, en un intento por encubrir la situación y salvar la vida del músico, lo sacaron hasta el estacionamiento del hotel, cuyos pasillos estaban llenos de fanáticas. Allí, murió a causa de una hemorragia en el hígado que le provocó la sobredosis. Este lamentable desenlace se suscitó en presencia de todos los integrantes. No obstante la grave naturaleza de este incidente, el integrante involucrado y la administración del quinteto pudieron salir ilesos del mismo.

También salió a relucir nuevamente la supuesta relación entre el integrante Roy Roselló y Edgardo. Según se dijo, este último se vio obligado a obsequiarle al joven un automóvil modelo Supra de Toyota como respuesta a unos supuestos chantajes y amenazas por parte de Roy hacia Edgardo y lo que provocó su salida.

Otra de las revelaciones, quizás de menor contundencia, pero que por tratarse de menores de edad debió adjudicársele igual importancia, fue las supuestas relaciones de tipo sexual que sostuvo con varios de los integrantes una mujer casada que laboraba junto al equipo de trabajo del quinteto.

Muchos otros incidentes y escándalos de menor repercusión, salieron a relucir de una u otra forma con el correr de los meses y de los años.

A parte de los ex-integrantes mencionados en este capítulo, hubo otros que también se manifestaron en contra de la administración de Menudo. Sin embargo, la mayoría de los jóvenes que pertenecieron a la agrupación, se mantuvieron al margen de la controversia y en algunos casos se limitaron a elogiar la labor de Edgardo Díaz como manejador del quinteto o por lo contrario, prefirieron no aparecer en el panorama.

Al examinar, los eventos desatados y las expresiones vertidas con motivo de esta controversia y con el beneficio del tiempo transcurrido y de no haber sido parte involucrada en la misma, podemos llegar a ciertas conclusiones sobre lo vertido en este capítulo:

I. Varios padres y pasados integrantes del conjunto sostuvieron en diferentes instancias y de forma consistente tres tipos de acusaciones contra Edgardo Díaz y su grupo empresarial: (a) En el manejo de los asuntos financieros de Menudo, no existía claridad, ni divulgación completa, lo que supuestamente privó a los integrantes y familiares de beneficios económicos a los que tenían derecho. (b) Los integrantes fueron sometidos a condiciones de trabajo abusivas e irrazonables, sobre todo cuando se tiene presente que básicamente eran unos niños. (c) Edgardo Díaz aprovechaba su poder y el deseo de los jóvenes de continuar formando parte del conjunto para cometer contra ellos abusos físicos y mentales y obtener favores de naturaleza sexual.

II. Ninguno de los integrantes que supuestamente fue objeto de los abusos y acercamientos sexuales más intensos expresaron su versión sobre tales asuntos, ni presentaron acusaciones formales ante las autoridades pertinentes, ni en aquel entonces, ni durante los diez años transcurridos desde que trascendieron a la luz pública. Tampoco lo hicieron sus familiares más cercanos.

III. A pesar de que estaban involucrados niños y de lo sensible y diligente que suelen ser las autoridades gubernamentales ante asuntos de maltrato y abuso sexual de menores, sobre todo cuando estos trascienden a la luz pública, la realidad es que en este caso ninguna agencia, ya fuera la Policía, el Departamento de Justicia, Fiscalía, el Departamento del Trabajo ni el de Servicios Sociales, tomaron iniciativas para indagar o efectuar una investigación sobre este asunto. A nivel oficial un silencio y un mutismo asombroso prevaleció.

IV. En vista de la seriedad de las acusaciones y de lo delicado de su naturaleza, desde el punto de vista de relaciones públicas y de manejo de crisis, Egardo Díaz y su equipo de trabajo manejaron de forma magistral toda esta controversia. Aunque sin dudas la controversia los afectó personal y profesionalmente, al menos en lo que se refiere a responsabilidad civil y criminal, salieron ilesos, a pesar de lo enorme del riesgo que enfrentaron.

"A MUCHAS INTERROGANTES, POCAS RESPUESTAS"

¿Cuál es la verdad de todo lo sucedido en esta controversia? ¿Tenían la razón los ex-integrantes del grupo o los administradores de éste? ¿Eran las acusaciones legítimas o eran motivadas por el deseo de venganza y el interés económico? ¿Cuál es el verdadero Edgardo Díaz ? ¿Fue la víctima o el victimario de lo sucedido? Muchas interrogantes, pocas respuestas.

El éxito y la fama, acarrean inevitables envidias. Para llegar a lo más alto en el medio o en la actividad en la que uno se desenvuelve, no son pocos, ni insignificantes los resentimientos que aun sin proponérselos se generan. Por sus logros, Edgardo Díaz era resentido por muchos en la industria. Muchos también, esperaban ansiosamente la oportunidad para infligirle un golpe y verle caer desde su sitial de honor. Menudo, como organización no era un ente monolítico. La administración, los jóvenes, los padres, tenían ciertamente intereses en común, pero también muchos encontrados y disímiles. Las personalidades distintas, los egos particulares, los complejos e inseguridades, la ambición desmedida, la envidia, son elementos constantes en el mundo del espectáculo, que tarde o temprano pueden hacer sucumbir al más exitoso de los artistas o de las organizaciones. Menudo, no fue la excepción.

De la trayectoria de Menudo y de lo que trascendió durante la controversia, surge un retrato de Egardo Díaz complejo y contradictorio. De un lado, tenemos a un joven empresario exitoso, de gran visión y dinamismo. Un genio magistral de las relaciones públicas y del manejo de los medios de comunicación. Un buen hijo, con una extraordinaria relación con su madre. Una figura paternal o al menos un hermano mayor para los jóvenes que tuteló y llevó al estrellato. Jóvenes a quien les brindó la oportunidad de realizar un sueño, una fantasía y a quien les abrió las oportunidades de conocer el mundo y generar beneficios económicos significativos para ellos y su familia. Un hombre disciplinado, porque definitivamente, así hay que ser para poder a llegar alto y obtener lo que se desea en la vida. Un mentor exigente, que tenía que ser fuerte para encausar y obtener lo mejor de unos jóvenes que por su edad eran naturalmente, rebeldes e inmaduros.

De forma simultánea, también surge un cuadro totalmente distinto de Edgardo Díaz. La de un hombre de negocios inescrupuloso que como los grandes barones del capital del siglo pasado, eran movidos por un ansia desmedida de lucro y de poder. Un hombre que construyó un imperio artístico basado en la explotación del trabajo de unos niños, a quienes visualizaba como meros objetos de producción. Niños que deslumbrados por la fantasía del ambiente artístico y por la falta de experiencia características de su corta edad, confiaban ciegamente en él, para finalmente ser burlados en su buena fe. Un empresario que menospreciaba sus responsabilidades y obligaciones para con los demás. Un influyente personaje de la comunidad que podía hacer uso con facilidad de las estructuras de poder y de orden público del país para adelantar sus intereses. Una persona que manipulaba los ingresos generados en las actividades para no pagar regalías y porcientos pactados para con los integrantes del conjunto, ingresos que al subestimarse, no informaba en su totalidad al fisco. Un operador astuto, que tenía como práctica crear una serie de frentes corporativos, los cuales despúes de sangrar los llevaba a la quiebra y dejaba así, sin satisfacer los reclamos legales y legítimos de acreedores y contratantes.

También surge un Edgardo Díaz como un ser con serios disturbios emocionales. Una persona que experimentaba cambios abruptos en su personalidad y en su estado de ánimo por las razones más variadas e impredecibles. Un tutor que de forma reiterada maltrataba a los niños bajo su encargo, física y mentalmente. Un hombre sin consideración, que les pegaba y les obligaba a trabajar aun cuando estaban quebrantados de salud, que les menoscababa su orgullo y los degradaba para mantener su control o injerencia sobre estos. Un empresario que utilizaba como carta escondida, la amenaza de un despido fulminante contra todo aquel integrante que contradijera sus designios. Una persona, sin control en sus pasiones que se aprovechó de la inocencia e inmadurez de decenas de jóvenes que pasaron por su organización, para hacerles acercamientos, gestos y comentarios de mal gusto o indebidos y en ocasiones abiertamente sexuales. Un manipulador que con su experiencia seducía a niños, que por su corta edad y por el temor de ser expulsados de la agrupación que lo significaba todo en sus vidas, sucumbían a sus acercamiento y los mantenían calladamente para sí.

Así también tenemos, a unos padres que en su afán desmedido por el dinero empujaban y entregaban a sus hijos a Menudo. Padres, que probablemente conociendo del maltrato del que eran objeto sus hijos, se hacían los desentendidos. Padres, que también fueron explotadores de sus hijos y que claudicaron a su función de supervisión y tutelaje y que sólo despertaron de su letargo cuando comprendieron que sus intereses económicos podían estar siendo menoscabados.

Pero también, en este panorama borrascoso existe un grupo significativo de integrantes que nunca habló mal de Edgardo, ni manifestó queja de su experiencia en Menudo. Sobre todo, aquellos jóvenes que formaron parte de los años iniciales y más exitosos de la agrupación. Tal vez, por que

Menudo y Edgardo Díaz, como tantos otros, con el éxito y la fama, se envanecieron y corrompieron.

Lo que resulta sorprendente es que a pesar de todo lo alegado y de las serias acusaciones vertidas contra Edgardo Díaz nunca se presentó o tomó acción legal alguna. Tal vez, porque mucho de lo dicho no fue cierto. Quizás, porque se llegó a algún arreglo económico trasbastidores que nunca trascendió al conocimiento público. Posiblemente, porque muchos de los que inicialmente hablaron se encontraron solos, en una lucha desigual en donde fuertes intereses de todo tipo se les lanzaron sin piedad y con toda fuerza. Lucha que para sobrellevarla conllevaba la erogación de grandes recursos económicos y del drenaje de grandes emociones y esfuerzos físicos y mentales, que no podían sobrellevar y que quizás, preferían dejar atrás y borrar de su pasado.

Probablementente nunca sabremos qué fue lo que realmente ocurrió. Tal vez, haya un poco de Edgardo Díaz en todo lo que sobre él se ha señalado. Tal vez, no. Las personas exitosas en nuestro mundo raramente son unidimensionales e incorruptibles. Son una extraña madeja de virtudes asombrosas y defectos inconcebibles, que por algún misterio de la naturaleza les permite llegar a donde el resto de los seres jamás imaginan ni podrían llegar. Posiblemente, Menudo y las personas detrás de este fenómeno, eran la esencia misma del ser humano, sobre todo, aquellos que se desenvuelven en el complicado mundo del espectáculo, con sus talentos, sus pasiones y sus desenfrenos.

Lo cierto es que después de las revelaciones y acusaciones, ni Edgardo, Menudo o sus integrantes, pasados y futuros, serían los mismos. La ilusión, la magia habían desaparecido o mejor dicho, les habían sido arrebatadas de golpe y nunca más se volverían a recuperar.

Sin embargo, en el recuerdo, en los corazones, en las ilusiones de una juventud que creció y vivió con Menudo, esta organización, sus integrantes y su legado forman parte de su propio ser. Para ellos, la aventura llamada Menudo, nunca terminó y por siempre los acompañará.

Rawie Torres uno de los cuatro niños que con su renuncia desencadenó el escándalo.

Sergio, quien fue arrestado junto a Rubén en un lamentable incidente ocurrido en el aeropuerto de Miami. Hoy día, ambos jóvenes han logrado superar este mal momento. Cada uno se ha lanzado como solista con excelentes producciones discográficas.

Ralphy Rodríguez: uno de los integrantes que habló explícitamente sobre las acusaciones de abuso sexual en el conjunto.

Robert (extremo izquierdo) y Rawie (extremo derecho) junto a sus compañeros de Euphoria

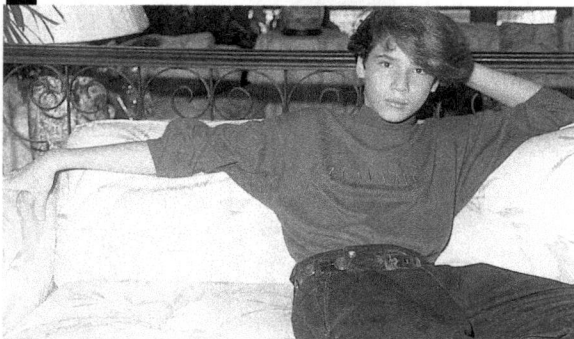

Angelo García también hizo declaraciones en contra de la administración de Menudo.

Roy Roselló muestra su automóvil modelo Supra de Toyota, que según se alegó fue obsequio de Edgardo.

El escándalo del "Caso Menudo" trascendió territorios.

A quien interese:

Yo, Bolivar Arellano,residente en la ciudad de New York,de profecion · Reportero Grafico desde hace 28 Años, Juro que: Las declaraciones hechas en Menuditis el 22 de Abril del presente Año,es la pura verdad, de esta conferecia existe un video en el que constan aparte de mi con la presencia del Sr. Ralphy Rodriguez padre del Ex-Menudo con el mismo nombre y el Sr.Raymund Acevedo,quien perteneció a Menudo y quien corraboró my denúcia y acusación en la entrevista de prensa, a esta conferencia asistieron periodistas del Canal 41 de Televición,un reportero de El Vocero, un reportero de Tevenovelas de Puerto Rico y Dos periodistas de Colombia al Dia de televicion.

Tambien adjunto a esta declaracion un reportaje en ingles que fue hecho para una publicacion Americana.

Atentamente

Bolivar Arellano
235.East. 25th St, (Bsmt)
New York N.Y.10010 Tel;212-213-0633

N.Y.
N.Y.   5/1/91

Joseph Sottile

JOSEPH SOTTILE
Notary Public, State of New York
No. 31-9111859
Qualified in New York County
Commission Expires May 31, 1992

Declaración jurada de Bolivar Arellanos entregada a los medios durante la conferencia de prensa en la que hizo sus primeras declaraciones en la ciudad de Nueva York.

Comunicado de prensa que Bolivar Arellanos suministró a los medios. En el mismo divulgaba reveladoras acusaciones de abuso sexual cometido por la administración de Menudo contra nueve (9) de los veinticinco (25) integrantes.

B 12818663:18   04/22/91 15:25   P.05

MENUDITIS

Souvenirs & Photo Shop, inc.
The only store in the U.S.A. Dedicated to MENUDO Souvenirs

235 EAST 25 STRET   New York City, New York 10010   PHONE (212) 213-0633

CONSECUENCIAS PERJUDICIALES PARA LOS NIÑOS ABUSADOS SEXUALMENTE

Como consecuencia del permenente acoso sexual, estos niños trataban de escaparce fantacialmente acudiendo al uso de la mariguana, pero como esta droga no les causaba el efecto deseado acudieron a la cocaina. Dos miembros de Menudo escaparon de morir con una sobredosis desgraciadamente un miembro de la orquesta ...... (Key Board) murio de sobredosis cuando estaba consumiendo coca en compania de miembros del grupo, ... esta desgracia paso en una ciudad de Estados Unidos. 4 anos atras.
Hoy la mayoria de esos ninos estan reavilitados gracias a la ayuda de sus padres.

Yo Bolivar Arellano, Reportero Grafico por 28 Anos que he luchado siempre con la verdad en contra de la injusticia venga esta de donde venga, no podia quedarme callado, si no denuncio estos crimenes causados por cobardes bastardos que no contentos de abusar sexualmente de niños, por la prensa Radio y Televicion insultan a las madres de la niñes puertorriquena que tuvieron el coraje de desirle Ya No bas, basta de abusos, el pueblo Puertorriqueño y en especial los hombres deben de salir en defensa no solo de las mujeres sino tambien en defensa de las futuras victimas, QUE SERIAN LOS NIÑOS ..... quiero aclarar que el ultimo grupo fue el unico en su totalidad queNO FUE ABUSADO SEXUALMENTE pero si fueron maltratados con patadas, golpes de puño, cachetads en la cara y halones de pelo

A las fans de los 25 Menudos, les pido que los sigan queriendo ..... ellos siguen siendo hombres, que les gusta el sexo opuesto ellos solo fueron victimas de una pesadilla vivida, victimas de una criminal circunstancia y como sobrevivieron eso los convierte en verdaderos HEROES.
..... Menuditis esta/abierto solo los ultimos 3 Domingos, se esta haciendo un descuento del 40% de la mercaderia, luego se cerrara la tienda para hacer solo Ordenes por correo.

para finalisar, quiero aclarar que esta denuncia-acusacion la hago aqui porque es donde resido, si la hiciera en Puerto Rico NO tendria mayor trascendencia porque deAcuerdo al Sr.Edgardo Diaz el es amigo del Gobernador Rafel Hernandez Colon y el abogado Orlando Lopez es amigo del Secretario de Justicia Sr,Hector Rivera Cruz,tambien tiene amigos en la prensa y en especial controla la Cadena Telemundo y espera proteccion de todos los nombrados, esto de acuerdo al Sr. Diaz.
Dios quiera que Puerto Rico despierte, y que no se permita mas explotacion, y crimenes aberrados contra una niñes desamparada.
NO TE CONVIERTAS EN COMPLICE PUERTO RICO DESPIERTA DEFIENDE LO TUYO

BOLIVAR ARELLANO

25 de mayo de 1991

Hon. Héctor Rivera Cruz
Secretario de Justicia de Puerto Rico
Departamento de Justicia
Miramar, San Juan, Puerto Rico.

Estimado Secretario de Justicia:

Los suscribientes de este documento somos padres de ex-integrantes del Grupo Menudo.

Recientemente hemos tenido conocimiento de que existe la probabilidad de que los dirigentes de este grupo que tanta gloria trajo a nuestro Pais internacionalmente, hayan podido explotar a nuestros hijos laboralmente y sexualmente y le hayan podido inducir al uso de drogas y alcohol.

La delicada situación y la seriedad y embergadura que representa la sola posibilidad de que haya podido ser así, de que en efecto haya existido entre nuestros hijos y otros miembros de ex-integrantes de menudo, abuso sexual, drogas y explotación laboral, amerita que le pidamos a usted que ejerza sus buenos oficios y en el cumplimiento de su deber ordene se realizó una investigación seria, donde salga a luz, la verdad de lo ocurrido y que de surgir prueba de que se han cometido delitos, se fijen las correspondientes responsabilidades.

Nuestros hijos en un principio estaban renuentes a hablar producto del temor al poderio económico a las grandes influencias y relaciones que tienen los dirigentes de esta agrupación con el gobierno de Puerto Rico; sin embargo ahora estan dispuestos a cooperar en todo si se le trata con la mayor dignidad y sensibilidad con la que es menester atender a un niño maltratado.

Necesitamos no perder la fe en nuestras instituciones y en nuestras estructuras, necesitamos que se ordene y se cumpla a cabalidad con los preceptos de imparcialidad que deben gobernar un asunto de esta naturaleza, necesitamos y exigimos respetuosamnete que se nos escuche y se nos proteja, necesitamos que el pez grande por primera vez no se coma al más chiquito.

Sabemos que usted fue una de las personas que tuvo a cargo la investigación que puso al descubierto uno de los más grandes crimenes acontecidos en nuestro pais y el encubrimiento del mismo.

Por coincidencias de la vida, al igual que en el caso del Cerro Maravilla,quien ha traido a la luz pública el problema de

Solicitud formal de padres y ex-integrantes enviada al Secretario de Justicia, Héctor Rivera Cruz para que se investigaran las acusaciones en contra de la administración de Menudo. En la misma, los padres ponían a disposición del Departamento de Justicia las declaraciones de sus hijos.

Menudo ha sido la periodista investigativa —— ——
integridad la Sra. Carmen Jovet.

De la misma forma que usted lo hizo en ese entonces, con la
misma vehemencia de aquella época, en esta investigación   le
pedimos que nombre un Fiscal Especial para que investigue la verdad
sobre Menudo y sus dirigentes. Por favor no nos defraude, porque
defraudarnos a nosotros equivale a defraudar a la niñez
puertorriqueña y a la niñez en general y sería concederle una
licencia a inescrupulosos para que sigan abusando y explotando a
nuestros niños.

Nosotros y los niños de nuestro país esperamos su respuesta.

                    GRACIAS ANTICIPADAS,

Afidavitt num._____

    Jurado y suscrito ante mi, por _____ a
quien doy fe de conocer personalmente, en San Juan de Puerto Rico
a   de mayo de 1991.

                                NOTARIO PUBLICO

cc: Honorable Rafael Hernández Colon
Gobernador

Recibido:

Hon. Héctor Rivera Cruz
Secretario de Justicia de Puerto Rico

25 de mayo de 1991

A pesar de recibir esta solicitud con 16 firmas de padres y ex-menudos, el Departamento de Justicia se mantuvo inerte.

ESTADO LIBRE ASOCIADO DE PUERTO RICO

Departamento de Justicia

APARTADO 192 SAN JUAN, P. R. 00902

USE LA CORRESPONDENCIA AL
SECRETARIO

7 de junio de 1991

COMUNICADO DE PRENSA

CP-91-052

El Secretario de Justicia informó que el pasado 4 de junio se recibió en dicha agencia una comunicación con la firma de 16 personas, que se identifican como padres de ex-integrantes del grupo Menudo, solicitando se designe un Fiscal Especial para investigar la posibilidad de que los dirigentes de este grupo hayan explotado laboral o sexualmente a sus hijos y los hayan inducido al uso de drogas o alcohol. Aunque no se señala en dicha comunicación un caso o hecho específico con relación a dichas alegaciones, sí señala que existe esa posibilidad y se solicita que de surgir prueba de que se han cometido delitos, se fijen las correspondientes responsabilidades.

El Secretario señaló que la comunicación recibida no contiene direcciones, teléfonos o lugares donde se puedan localizar a las personas que suscribieran la comunicación, por lo que les solicita se comuniquen con la Oficina del Jefe de los Fiscales, licenciado Pedro G. Goyco Amador, quien tiene instrucciones del Secretario de evaluar e investigar cualquier evidencia que se presente al Departamento sobre este particular.

La oficina del Fiscal Goyco Amador está ubicada en el segundo piso del Departamento de Justicia y los teléfonos de la oficina son 721-2900, 721-2906 y 721-2908. El Secretario de Justicia exhortó a toda persona que tenga conocimiento sobre este asunto, que demuestre que se ha cometido un delito contra alguno de estos menores de edad, que se comunique con la oficina del Fiscal Goyco Amador. El Secretario de Justicia aseguró que un asunto como éste será atendido de la misma manera profesional, objetiva y responsable con la que se atienden en el Departamento las querellas o asuntos que se traen a su atención.

Comunicado de prensa del Secretario del Departamento de Justicia en respuesta a la carta que enviaron los padres solicitando una investigación formal a la administración de Menudo.

EL PRECIO DE LA FAMA

Si desde el punto de vista comercial era un fenómeno, para miles de sus fanáticos, Menudo era también una fantasía personal. Según la fama del grupo trascendía y su reconocimiento alcanzaba dimensiones internacionales, en muchos jóvenes nacía la ilusión de algún día poder llegar a convertirse en un Menudo. La fama, el reconocimiento público, los viajes alrededor del mundo, las oportunidades económicas, atraían como "canto de sirenas", no sólo a los jóvenes seguidores del conjunto, sino además a algunos de sus padres, quienes veían en el ingreso de sus hijos a Menudo, la oportunidad de lograr grandes ganancias y así la seguridad financiera de su familia.

Las solicitudes, e incluso súplicas que recibía la organización de Menudo de parte de familiares para que a sus pequeños se le brindase al menos una oportunidad de audicionar para poder ingresar al conjunto eran interminables. Siendo tan grande la ilusión en los miles de jóvenes que aspiraban a convertirse en un Menudo, es fácil de entender la alegría, la emoción y la expectación que experimentaba uno de ellos cuando esa fantasía se convertía en realidad.

Imaginemos por un instante ese gran momento en la vida de este futuro integrante. Llegas a tu casa luego de un largo día en la escuela. El teléfono suena. Corres a contestarlo. Era un representante de Padosa, compañía propietaria de Menudo. Te dice que serás el nuevo Menudo. Le pides que repita lo que ha dicho, pues quieres asegurarte de que has escuchado correctamente y por supuesto, que no se trata de una broma de mal gusto. No estás soñando. En efecto, era la asistente de Edgardo Díaz y tú serás el nuevo integrante del grupo Menudo. Pero, hay más. Mañana a primera hora deberás estar en las oficinas del quinteto para recibir toda la información y aclarar las responsabilidades que esto conlleva. La emoción no te permite casi hablar y contarle a tus padres lo sucedido. Estás feliz. Sigues sin creerlo. Este había sido tu sueño desde muy pequeño y ahora se había convertido en una realidad. Audicionaste junto a muchos otros niños y te escogieron a ti. Corres a contarlo a tus amigos. Tus padres le comunican con orgullo a la familia lo grande que es su hijo, quien será el nuevo Menudo.

Al día siguiente, llegas con tus padres a la reunión. Te presentan ante todos como el nuevo integrante. Conoces a los que en adelante serán tus compañeros, irónicamente a quienes tu admirabas y envidiabas, fantaseando algún día estar junto a ellos. Te sientes como "cucaracha en baile de gallina". Cuentas con sólo una semana para aprenderte tales y cuales canciones con cada una de sus coreografías, pues en unos días estarás en medio de una sección fotográfica y grabarás el primer disco en inglés de la agrupación, el que establecerá récord de ventas en Estados Unidos y Brasil. Tienes que empacar tus pertenencias y despedirte, pues partirás a tu primer concierto en Nueva York.

Llegas al aeropuerto en el jet privado de Menudo. En un abrir y cerrar de ojos, una avalancha de chicas se lanza sobre ti. De un día para otro, del anonimato total te has convertido en el centro de atracción de la prensa y de miles de chicas. Cientos de reporteros te acechan para hacerte la misma pregunta: ¿Qué se siente ser el nuevo Menudo? Y tú qué sabes, si todavía no has caído en cuenta de ello. Ni siquiera te han permitido percatarte de la situación, de tu nueva realidad. Escuchas el bullicio, la histeria de las niñas y de pronto puedes ver a lo lejos tu nombre escrito sobre una gigantesca pancarta que te daba la bienvenida. Piensas, ¡Wow, ese soy yo! No puedes creer que ya las fanáticas saben tu nombre y te aclaman como si fueras el más veterano de los integrantes. En un abrir y cerrar de ojos eres famoso. En todas partes te saludan y te tratan como toda una estrella. Parece un sueño, pero es realidad.

Al entrar al ensayo con tus nuevos compañeros, te topas con una foto tamaño gigantesco en la entrada del Teatro. Ahí estás tú, como un Menudo más.. Hay chicas por todos los alrededores. Se acercan para pedirte el autógrafo y no sabes que hacer. ¿Qué autógrafo? Habías olvidado que esto ocurriría. Nunca antes alguien te había pedido uno. Entonces, no te queda más remedio que escribir nervioso tu nombre en el papel.

Por fin llega el día esperado, tu debut en el concierto. Estas ahí, parado tras la tarima del Radio City Music Hall, una de las Salas más importantes del mundo. Acabas de llegar y ahora eres parte de la historia, pues con dichas funciones, seis en total, Menudo establecería un récord de asistencia al sobrepasar los sesenta mil fanáticos.

Los nervios no te permiten ni hablar, imagínate cantar. Sientes mariposas en el estómago. Estás a punto de salir a escena. De pronto, anuncian tu nombre. Tus compañeros te han dado la bienvenida ante la fanaticada. Se escuchan los gritos de las niñas, quienes aclaman tu presencia. Sientes que te vas a desmayar. Sales a escena y la luz intensa del perseguidor no te permite distinguir lo que tienes delante. En realidad, no puedes ver nada. Sólo escuchas la histeria colectiva. Sin darte casi cuenta, comienzas a cantar. Se te olvida la letra, la tarareas, sigues cantando, se te olvidan los pasos y cuando terminas tu actuación, la multitud te aplaude entre gritos eufóricos como si se tratara de la intervención de Michael Jackson. No importa cuán mal lucieras en la tarima, nadie lo iba a notar y si lo notaban no iba a importar, pues ahora eras realmente famoso y a los famosos se les perdona todo.

Al día siguiente tu nombre y tu rostro aparecen en todos los periódicos más importantes de Nueva York, desde el Diario La Prensa hasta el New York Times. La noticia de tu integración al grupo, trascendió a todos los países donde conocen a Menudo. Ahora, todos tus amigos te creerían. Todos saben que perteneces a la afamada agrupación. Tu estadía en Nueva York concluye, pero no así, las emociones que en ti por siempre perdurarán. Comienzas a vivir las experiencias más memorables, una tras otra, en una larga cadena de sucesos anteriormente inimaginables para ti. Continúas viajando: Venezuela, México, Colombia, Perú, Italia, Filipinas, Brasil, Japón y una infinidad de otros países que nunca antes habías visitado. Para culminar todo lo anterior, dentro de poco estarías compartiendo junto a Michael Jackson en la entrega de premios Grammy.

Sin dudas, haber formado parte de Menudo fue una inyección de poderosas vivencias, llenas de adrenalina, pasión, diversión y fuertes emociones. Pero, de otro lado, también para sus integrantes fue fuente de grandes responsabilidades y de difícil soledad. La experiencia no fue para todos favorable, incluso para algunos, fue funesta. Porque ese sueño, esa gran ilusión, esa fantasía que todos querían vivir, terminó siendo para algunos una pesadilla que los acompañaría por el resto de sus vidas.

De todas las vivencias de su estadía en Menudo, tal vez la más significativa y la de mayor repercusión para cualesquiera de los integrantes del grupo lo fue el impacto que esta experiencia dejó en el desarrollo de su personalidad y formación como ser humano. Al iniciar su estadía en el conjunto, estos jóvenes apenas contaban con doce años y en ocasiones eran hasta de menor edad. Como es natural, a tan temprana edad se encontraban en una etapa crucial de su desarrollo.

La receptividad y la inexperiencia característica de la juventud, hace a los adolescentes susceptibles a absorber, pero también a ser influidos por todo lo que ocurre a su derredor. Según el ambiente en que se desenvuelven, así se van moldeando. Su conducta se guía o se ve sugestionada por modelos con quienes se identifican o aspiran a imitar. La presión de grupo, el llamado "peer pressure", ejerce su mayor influencia durante esta etapa de su desarrollo.

Con la suma de los años y la madurez que lentamente va adquiriendo, el joven va también asumiendo responsabilidades. Pero para que éste tenga un desarrollo normal, este proceso de aprendizaje y de asunción de responsabilidades debe ser equilibrado, conmensurado y gradual. El exponer a un joven a presiones y a responsabilidades para las que aún no está capacitado, puede ocasionar un serio disloque al desarrollo de una personalidad normal y balanceada.

Al ingresar en Menudo, cada nuevo integrante experimentaba un cambio abrupto en la forma en la que hasta ese entonces había sido criado y educado. Tal cambio constituía una sacudida fuerte en la persona de estos jóvenes. En cuestión de días eran arrancados del seno de su hogar y de su familia para ser transportados a un ambiente totalmente distinto y desconocido. Su vida privada desaparecía en segundos. De la noche a la mañana sus días eran calendarizados y repletos de actividades y compromisos. Las más diversas y complejas responsabilidades les eran asignadas. Su desempeño era expuesto a todo tipo de crítica y escrutinio constante. Una presión nunca antes experimentada se apoderó de sus personas. Era como si varias etapas en su desarrollo como seres humanos fueran saltadas y en meses fuesen catapultados a una adultez para la que aún no estaban preparados.

Los jóvenes de Menudo no fueron los primeros ni los únicos en exponerse a este tipo de presión y requerimientos. Antes que ellos, Shirley Temple, Judy Garland, Marisol, Little Richard, Michael Jackson y recientemente Drew Barrymore, atravesaron por experiencias similares en el mundo del cine, la música y el espectáculo. Todos, de una forma u otra fueron víctimas de su propia fama. La fama tiene su precio y en ocasiones muy alto. El haberse iniciado en el ambiente artístico a tan temprana edad ha producido en estos y otros jóvenes artistas, desórdenes mentales y emocionales que han afectado sus vidas personales e incluso destruido sus carreras profesionales. Esto trae como resultado que se sumerjan en depresiones severas y en ocasiones, cree dependencia en el alcohol, las drogas y otros vicios y excesos. Desafortunadamente, ninguno de estos problemas fue extraño para los jóvenes que una vez participaron en Menudo.

La pregunta, que debemos hacernos es si hubo alguna manera de evitar esto, o al menos, de preparar a estos jóvenes para enfrentar las dificultades que atravesarían. Uno de los elementos principales para poder afrontar de manera efectiva las presiones y las exigencias de la fama y de un trabajo tan intenso como el de un artista, es el contar con el apoyo de la familia y de un círculo estrecho de amistades. En ellos, el artista o la celebridad logra crear su mundo íntimo, en donde puede dejar que escape su propio yo y disfrutar la vida como cualquier otra persona, alejado y protegido del escrutinio del público. Esta familia y estos amigos le ofrecen también la comprensión y el amor sincero que no encuentran en el torrente de intereses y ambiciones del que son objeto en el mundo del espectáculo. Sin embargo, por la propia naturaleza de la actividad y de la estructura organizativa de Menudo, los jóvenes que formaron parte del conjunto fueron privados de este elemento tan vital para su desarrollo normal.

Tan pronto incursionaban en el grupo, ocurría una separación entre el integrante, su familia y las personas que hasta ese entonces habían sido sus amigos. La separación no era simplemente aquella que experimentamos todos cuando comenzamos una nueva etapa en la vida como lo es el caso de los estudios en el extranjero, un nuevo empleo en otra cuidad o incluso el inicio de una vida matrimonial. En estas situaciones, aunque pueda haber un abandono del hogar familiar o del vecindario habitual, los lazos familiares y de amistad no se rompen, sino que se ajustan a la nueva realidad e incluso puede que se afiancen y puedan valorarse de una manera que antes era imposible de apreciar. Un joven de Menudo, por el contrario, era literalmente arrancado de su hogar y vecindario, para ser transportado a un mundo artificial creado por la empresa que manejaba los intereses del grupo para atender y alcanzar sus objetivos musicales y comerciales.

Para comenzar, el grupo tenía que cumplir durante todo el año, incluyendo durante el verano, las Navidades y muchas fechas festivas, con calendarios cargados de giras y compromisos a través de todo el mundo. Aunque sus familiares y amigos quisieran estar con ellos y contaran con los recursos y el tiempo para así hacerlo, este trajín continuo en la práctica lo imposibilitaba. En sus etapas de mayor gloria, podían ver a sus padres y familiares, en promedio, dos meses al año.

De manera que estos jóvenes tenían que afrontar solos, la ausencia de sus hogares y de su país, las tensiones y el rigor de su trabajo y además, las frustraciones y problemas que se derivaban de estas actividades. No tenían a nadie conocido a quién recurrir, en quién confiar. Desde que se levantaban en la mañana hasta la hora de retirarse a descansar, sus movimientos habían sido rígidamente dispuestos y ordenados por la administración de Menudo. Lo relativo a sus lecciones de estudio, su alimentación, su vestimenta, sus momentos de reposo o trabajo, les era determinado con rígida precisión. En ese sentido, la administración de Menudo y sobre todo Edgardo Díaz se convirtió en su única familia, en su única amistad, en su único sostén, en fin un ser prepotente e indispensable sin el cual en lo adelante no podrían subsistir. Como ocurre en otras facetas de la vida, aquella persona que concentra mucho poder puede utilizarlo para hacer mucho bien, pero así también, está expuesta a un gran riesgo de que tal poder le corrompa y termine siendo vehículo para cometer los más grandes abusos y arbitrariedades. Menudo aparentemente no fue la excepción.

Como examináramos en otro capítulo, algunos de los ex-integrantes en unión a sus padres denunciaron un esquema en donde los jóvenes eran objeto de todo tipo de maltratos, abusos y falta de consideración. Desde la ocultación y desviación de las ganancias que legítimamente le correspondían, hasta la supuesta explotación física mediante el sometimiento a horarios extendidos de trabajo mucho más allá de lo razonable. Además, se hicieron señalamientos de mala alimentación, falta de educación y cuidado médico inapropiado. Así también, se alegó la tolerancia o vista larga a los vicios o conducta inapropiada de ciertos de los integrantes, falta de respeto hacia la persona de los jóvenes, maltrato físico, manipulación o extorsión mental hacia estos, aprovechando su inexperiencia o su dependencia económica y emocional en el conjunto y en la figura de Edgardo Díaz, sin olvidar los intentos de seducción e incluso alegaciones de hostigamiento y abuso sexual.

Independientemente de la veracidad y extensión de estos y otros señalamientos, la realidad es que para los jóvenes de Menudo, no fue fácil afrontar y funcionar en términos físicos y emocionales en un ambiente que dio base a este tipo de controversia, acusaciones y contraacusaciones. Definitivamente, Menudo y la organización detrás de este concepto, nunca fue un buen sustituto de la familia y de elementos de apoyo emocional indispensables para que un joven atraviese con normalidad y éxito, el difícil trayecto de la adolescencia hacia la madurez plena como persona. Menudo no era otra cosa que un negocio. Uno que irónicamente gozó de un gran éxito comercial, mientras era testigo de las turbulencias y fracasos personales de muchos de sus integrantes.

Pero si difícil fue para los jóvenes que formaron parte de Menudo lidiar con los problemas de la fama, mucho más difícil les resultó manejar la ausencia de ésta, una vez concluyó su participación en el conjunto. Estos chicos habían sido fanáticos de la agrupación antes de integrarla. La "menuditis" también los había poseído a ellos. Llegar a realizar un sueño de tal magnitud a tan temprana edad era comenzar un nuevo sueño. No todos podían llegar, y lograrlo tenía muchos significados ante la sociedad. Ser un Menudo era lo máximo y una vez adentro, la magia hipnotizadora de la fama, el dinero y las chicas los cegaban, y les impedía ver mas allá de su única realidad. Mientras formaron parte del grupo fueron capaces de tolerar todo tipo de situación con tal de no despertar de ese sueño. Pero, tarde o temprano, todos tuvieron que despertar de aquel sueño que muy pronto se convirtió en una pesadilla. Después de haber llegado tan alto, perder los beneficios y el status que les daba el ser un Menudo era como perderlo todo. Sus vidas giraban en torno a Menudo. Todos amaban a Menudo, pero nadie se percató de que todas las decisiones que tomamos en nuestras vidas tienen repercusiones posteriores. Mientras el dinero, el éxito y la fama los rondaba, nadie pensó ¿qué sería después?

A su salida de la agrupación, varios de los jóvenes fueron capturados por las drogas y el alcohol. Otros se afectaron en su autoestima, experimentaron desórdenes mentales, y todo tipo de problemas: matrimoniales, familiares, personales y profesionales. A esto podríamos llamarlo: *los efectos secundarios de la "menuditis"*.

Esta era la realidad que vivían algunos de aquellos que fueron los famosos y exitosos integrantes de Menudo, cuando se hizo realidad un suceso que les devolvió ese pedazo de su ser que les había sido arrebatado y que los regresó de nuevo a la vida: **EL REENCUENTRO**.

Haber formado parte de Menudo fue una inyección de poderosas vivencias, llenas de adrenalina, pasión, diversión y fuertes emociones.

EL REENCUENTRO

Un buen día, dijo Dios: "sea la música", y la música se oyó. Así, nació ese denominador común que compartimos todos los seres que moramos en este planeta. Un poder mágico y seductor, capaz de expresar nuestros sentimientos, alegrías y tristezas, así como nuestra visión del mundo y de los demás.

Pero, al igual que con muchas de la otras cosas que Dios ha puesto a nuestra disposición, el ser humano pronto descubrió que ese sonido mágico también podía producirle grandes sumas de dinero. Hoy, la música, además de un gran entretenimiento, es también una mega industria multibillonaria.

Dentro de esta industria uno de los grandes fenómenos de todos los tiempos lo ha sido la agrupación Los Beatles. Este conjunto inglés revolucionó al mundo del disco en los años 60 de una manera tan dramática, que en el renglón musical aun retienen en su poder muchas de las marcas del libro **The Guinnes Book of Records**. Según se comenta, ni siquiera su casa discográfica, EMI Capitol ha logrado precisar con certeza, cuantas copias de discos han vendido hasta hoy. Sólo han podido estimar que las ventas sobrepasan el billón de unidades.

Por esas ironías de la vida, cuando Los Beatles se encontraban en la cumbre de su fama se desintegraron como grupo. Los dimes y diretes y la falta de comunicación entre sus integrantes produjo su rompimiento. Desde entonces, los empresarios más prominentes de la industria del espectáculo han realizado todo tipo de gestión para reunirlos nuevamente. Cifras multimillonarias se han ofrecido con tal de lograr este cometido, pero todo esfuerzo ha sido en vano. Ni siquiera cuando John Lennon, uno de los más afamados integrantes del grupo y su genio musical, fue asesinado por un fanático desquiciado, se logró que sus ex-compañeros le rindieran homenaje póstumo en concierto. En esta ocasión se rumoró que hubo algunos intentos de unirlos en un espectáculo homenaje junto a Julian Lennon, el hijo del fenecido cantante que en aquellos años se abría paso como canta-autor.

Como el sueño de un reencuentro nunca se materializó, los fanáticos tuvieron que conformarse con una imitación. Este fue el caso de una agrupación de nombre "Beatlemania", compuesta por cuatro individuos de facciones similares a los artistas originales, quienes montaron un espectáculo en el que imitaban al afamado grupo en todo hasta en su imagen y vestimenta.

Con posterioridad al rompimiento de los Beatles, otro fenómeno musical estaba en gestación en Puerto Rico. A finales de la década de los 70, un fenómeno hispano de magnitud similar también conmocionaría al mundo. Su nombre: Menudo.

Su llegada a Nueva York fue catalogada por los medios de comunicación, como una experiencia de tal magnitud que sólo era comparable con la conmoción que produjeron Los Beatles en la misma ciudad en el año de 1964. Menudo es hasta el presente el más grande de los fenómenos musicales hispanos. Su música trascendió las barreras del lenguaje y conquistó continentes enteros. La espontaneidad de cada uno de sus integrantes, su música, imagen, sus locuras y la magia que los rodeaba, lo convirtió en una verdadera leyenda.

Para sus miles de fanáticos, recordar a Menudo es evocar la ilusión, su infancia y la nostalgia. Así, como los seguidores de Los Beatles se enamoraron, crecieron y vivieron la música y la revolución que estos causaron, la "menuditis" contagió a toda una generación que creció a los acordes de su música y de sus canciones. Pero a diferencia de Los Beatles, en donde la ilusión de su fanaticada por verlos reunidos nuevamente, se quedó precisamente en eso, en una ilusión, los fanáticos de Menudo verían su sueño hecho realidad tras el anuncio de un esperado reencuentro. En ese sentido, Menudo tiene una historia, que todavía hoy nadie puede vaticinar su final.

La posibilidad de un reencuentro no era ilusión exclusiva de los fanáticos de Menudo. Para los jóvenes que en algún momento integraron el grupo, el revivir todo aquel conjunto de experiencias de éxitos y recuerdos era una ilusión que también albergaban dentro de sí. Después de todo, la experiencia en Menudo no sólo fue parte integrante de su desarrollo como personas, sino que además transformó sus vidas por completo. No debemos perder de vista que al salir de la agrupación, estos jóvenes experimentaban una sacudida fuerte en sus vidas. Aunque sin lugar a dudas, la integración al grupo y lo que ello significó en términos de viajes, ensayos, disciplina y sacrificios no era nada fácil de sobrellevar para cualquier persona y mucho menos para unos niños, no es menos cierto que estas dificultades eran más que compensadas por el "glamour", la fama, los ingresos y el reconocimiento que significaba ser un Menudo. Sin embargo, al salir del grupo era como si de repente se apagara la luz y del brillo intenso de la fama, fueran lanzados a la gris cotidianidad de una vida común y tal vez peor aun, a la oscuridad de un anonimato no deseado y para el que definitivamente no estaban preparados. Por eso, los recuerdos de aquellos tiempos de gloria no dejaban de perseguir a cada uno de los ex-integrantes. No importaba hacia donde se dirigieran, la sombra de Menudo los perseguía. Por el resto de sus vidas, serían los ex-menudos. En algunos casos este calificativo les abriría puertas. En otros, sería estigma del que nunca podrían escapar.

La salida del grupo representaba un momento de gran tensión y ansiedad para cada uno de los integrantes. A pesar de este hecho, los jóvenes salían llenos de esperanzas y con la ilusión de que una carrera como solistas los devolvería a la fama y llenaría el vacío que su partida de Menudo les había producido.

La fama provoca en muchos el más embriagante de los efectos, el más enajenante de los sentimientos, peor que el alcohol e incluso que las drogas. Cuando alguien que ha sido famoso, deja de serlo, no existe sustituto, ni antídoto que cure la sensación de vacío y desubicación que se experimenta. Como el peor de los vicios, la fama es ave de vuelo acelerado que te roba la vida, la juventud. En el caso de los ex-Menudo, siendo niños, dejaron de serlo.

El sentimiento que cada uno de los componentes experimentaba, no es difícil de imaginar. Una sensación de angustia y ansiedad creciente debía apoderarse de estos jóvenes cuando enfrentaban la realidad de que el mundo ya no esperaba por ellos y que tal vez nunca más pisarían de nuevo un escenario. Lo intentaron todo para poder regresar al mundo adictivo del cual habían salido, pero, la suerte no fue compañera para la mayoría de ellos.

Mientras el tiempo transcurría, Menudo continuaba su rumbo ascendente. Luego de cada salida, de cada retiro, la administración de Menudo mantenía su curso normal. Como se dice en el negocio del espectáculo, "the show must go on", o sea, el espectáculo tiene que continuar. Así, un joven se retiraba y otro de inmediato se incorporaba. El grupo continuaba cosechando éxitos con los nuevos integrantes y con tal facilidad que hacían olvidar a aquellos otros que recién habían abandonado el conjunto.

La frustración se hizo presente en las vidas de estos jóvenes. No todos la enfrentaron de forma similar, ni con igual efectividad. Algunos aprovecharon su experiencia y el reconocimiento ganado con la agrupación para lanzarse de nuevo al mundo del espectáculo. De estos, sólo uno alcanzó brillar con luz propia y logró desarrollarse como un artista de dimensión y calibre internacional. Su nombre: Ricky Martin. Un segundo, muy particular, y de gran talento, ha comenzado a sonar entre todos los jóvenes, Robi Rosa, para quien la vida ha adquirido un nuevo y revolucionario giro.

Otros menos afortunados, alcanzaron cierta aceptación creando agrupaciones o conceptos junto a algunos excompañeros. Hubo quienes sin opción, decidieron enfrentar nuevos retos en otros géneros musicales de menos "glamour" o simplemente permanecieron en el anonimato, trabajando detrás de los escenarios. El peor de los casos fue el de aquellos que desilusionados con la vida, no encontraron que hacer con ella y deprimidos la echaron a perder. En su afán por sustituir de algún modo todo aquello que sentían haber perdido; hicieron de las drogas, el alcohol y hasta de la locura, sus compañeros y aliados en esa soledad desesperante que caracterizaba sus días como ex-menudos.

Por fortuna, muchos de estos últimos se encuentran en estado de franca recuperación. La medicina que obró este milagro: el público. El escuchar el aplauso sonoro y el calor de una fanaticada que pensaron perdida, sin dudas reivindicó a los que de algún modo sucumbieron y tanto a estos como a los demás, les brindaría una ilusión, una oportunidad, una nueva esperanza por la que luchar y darle sentido a sus vidas.

Aunque según Gardel, "veinte años no es nada", para Charlie, Ricky, Miguel, Johnny, René, Ray y cada uno de los ex-menudos, veinte años es toda una vida. Una vida esperando por el retorno de aquel gran momento.

El viernes, 30 de enero de 1998, el Coliseo Roberto Clemente de Puerto Rico sirvió de escenario al evento que se inmortalizó como uno de los sucesos más grandes en la historia musical de nuestro país: **EL REENCUENTRO**.

LA VERDADERA HISTORIA DE "EL REENCUENTRO"

Menudo se desintegró como concepto en 1991. Aunque con posterioridad a esta fecha, Edgardo Díaz intentó continuar operando bajo el nombre de Menudo con jóvenes que no provenían de Puerto Rico, los resultados fueron por demás desalentadores. La magia que caracterizó al conjunto había desaparecido, para nunca volver. Aun así, Edgardo descansó al máximo en las glorias pasadas y a retazos llegó hasta el 1997. Ese año por motivos no del todo claro, reorganizó sus esfuerzos y anunció el surgimiento de un nuevo grupo musical con el nombre de **MDO**.

Hay quienes aseveran que este cambio en nombre obedecía a razones de pura conveniencia legal y comercial, puesto que la organización empresarial que operaba a Menudo estaba totalmente endeudada y asediada por sus acreedores. Al continuar con el mismo concepto de un conjunto musical juvenil, pero bajo un nuevo nombre y una entidad empresarial distinta, los ingresos generados quedaban fuera del alcance de los antiguos acreedores. Edgardo por su parte, aseguró que el cambio simplemente respondía al hecho de que él había transferido a otra empresa los derechos sobre Menudo y una cláusula del contrato le impedía realizar otra agrupación similar a Menudo por un periodo de diez años que vencía en el 1997.

Aunque Edgardo emprendió esta nueva aventura musical, su aguda mente comercial no estaba ajena al hecho de que dentro de poco tiempo se cumplían 20 años de la creación de Menudo. Como buen hombre de negocios, sabía mejor que nadie que esta fecha representaba una estupenda oportunidad comercial. Esto, en nada contradice la realidad de que para Edgardo, los veinte años de Menudo tenían un significado personal muy especial. Después de todo, él fue su genio creador, quien desarrolló y culminó el concepto y quien mejor que nadie vivió sus triunfos y dificultades. En ese sentido, lo que posteriormente ocurriría tuvo que haberle afectado de manera muy particular.

En el mundo del espectáculo, se asevera que en una de las presentaciones de MDO en Suramérica, Edgardo invitó a cuatro de los ex-integrantes de Menudo para iniciar las negociaciones con miras a realizar un evento artístico en celebración del vigésimo aniversario del quinteto. Edgardo, aparentemente le ofreció una compensación o salario a cada uno de los ex-integrante que participara en el espectáculo que planificaba producir.

Al así obrar, a Edgardo se le escapó un pequeño detalle. Aquellos niños que una vez había dirigido y tutelado, eran ahora adultos con criterio y razón propia. Ya no se trataba de jóvenes inexpertos, sino de profesionales conocedores de la mecánica del complejo mundo del espectáculo e incluso de la leyes que lo regulan. Los ex-integrantes, eran hombres a quienes la experiencia adquirida en su participación en Menudo, así como las dificultades y reveses confrontados luego de su desvinculación con el grupo, habían forjado y marcado. El maestro subestimó a sus discípulos. Estos jóvenes, como buenos estudiantes que fueron, aprendieron muy bien la lección.

Para los ex-menudos, luego de tantos años de espera y de un retiro no deseado, se presentaba el momento por tanto tiempo esperado: la oportunidad de volver a brillar como astros frente al público que tantas veces los idolatró. Si la idea era celebrar los veinte años de Menudo, quién mejor que los propios ex-integrantes para hacerla una realidad. Pero a diferencia de sus participaciones pasadas, en esta ocasión no se limitarían a desempeñar el papel que otro le encomendara, sino que ellos mismos producirían el evento, del que serían protagonistas.

Mientras las idea de un reencuentro tomaba su forma, varios medios de comunicación que estaban conscientes del histórico aniversario comenzaron a realizar una serie de programas especiales para conmemorar esta fecha. Esto creó un ambiente de nostalgia que a su vez, ayudaría a producir una efervescencia que sería pieza clave en los sucesos que se desarrollarían a continuación.

La cadena radial **Sistema 102**, una emisora de Puerto Rico especializada en difundir música pop-balada, realizó un especial musical en conmemoración del vigésimo aniversario de Menudo. Ray, Johnny, Ricky y René fueron invitados a este homenaje radial. Para los fanáticos de Menudo que sintonizaron la emisora, el programa los retornó al pasado, a los años de su juventud temprana.

Disfrutaron de las canciones iniciales del grupo y de los recuerdos que las mismas les traían. Durante la transmisión, decenas de fanáticos se conglomeraron en los estudios de Sistema 102, en solidaridad con sus antiguos ídolos, que cuando menos lo esperaban hacían su regreso. Un sentimiento de nostalgia despertó en los miles de fanáticos que vivieron la época gloriosa de Menudo y con éste, el deseo de revivir aquellas emociones una vez más.

Los ex-integrantes experimentaron también algo no menos dramático. Sus leales seguidores llamaban a la estación para compartir anécdotas del pasado, indagar acerca de sus vidas en los últimos años y expresarles su apoyo. Aunque no parecía ser real, estaban al fin allí, ante el público que tanto añoraban, escuchando sus expresiones de afecto, firmando autógrafos y compartiendo con sus seguidores como en sus momentos de máximo esplendor. Sentir el calor, el entusiasmo de un público que los instaba a no rendirse ante la vida y que con emoción les dejaba saber cuán importantes habían sido en sus vidas, fue ciertamente una experiencia muy especial. Los ex-menudos comenzaban a vivir nuevamente. El brillo y la intensidad que parecía perdida, reapareció de forma instantánea. En fin, la ocasión fue una noche mágica para todos. Si algo quedó claro después de lo ocurrido, era que la oportunidad estaba ahí, sólo tenía que aprovecharse.

Los elementos básicos para hacer realidad un reencuentro estaban presentes: un público ansioso, unos ex-integrantes ávidos de revivir sus antiguos laureles y unos medios de comunicación receptivos a la idea. Sólo faltaban entonces, el elemento empresarial y técnico y una mente creativa que culminaría el proceso. Esto no sería gestión fácil. Después de todo habían transcurridos veinte años. Los niños que una vez fueron sus seguidores eran adultos con gustos mucho más sofisticados y tal vez distintos. Los discos de su época de gloria no estaban disponibles en los establecimientos comerciales y una nueva generación había surgido, sin haber tenido contacto directo con Menudo.

Para poder efectuar un espectáculo de esta naturaleza hacían falta recursos de todo tipo: económicos, artísticos, técnicos y humanos. El riesgo sin dudas, era alto. Pero ésta, posiblemente sería su última oportunidad de retornar al mundo del espectáculo. No podían flaquear en sus intenciones, su única opción era marchar hacia adelante con determinación.

Sin ignorar los riesgos inherentes a esta empresa, la realidad es que el reencuentro también lucía como una gran oportunidad comercial. Como indicáramos, el público parecía apoyarlos. Es cierto que los antiguos seguidores ya no eran un público infantil, pues habían crecido y madurado, pero como adultos y profesionales contaban con un poder adquisitivo propio que antes era inexistente. En la actualidad no existía ninguna agrupación o concepto musical que hubiera ocupado el vacío dejado por Menudo. Los propios ex-integrantes eran también adultos y profesionales, conocedores del mundo del espectáculo y capaces de emprender por sí mismos este tipo de gestión. Tenían la voluntad, las relaciones, los conocimientos y la idea. Así que procedieron a ejecutarla.

Lo primero a definir era quiénes participarían en el proyecto. A través de sus veinte años, treinta y tres jóvenes formaron parte, en un momento u otro de Menudo. Era obvio que no todos participarían en el evento. Las razones para ello eran múltiples. Con respecto a algunos de los ex-integrantes, su paradero se desconocía por completo. A otros la idea simplemente no les interesaba, ya fuera porque habían rehecho sus vidas fuera del mundo del espectáculo o porque habiéndose dedicado por completo a esta actividad, habían logrado una trayectoria individual tan exitosa que participar en el proyecto resultaría anti-climático para sus carreras. Este sería el caso de Ricky Martin y Robi Rosa. En el caso de muchos otros, su estadía en Menudo había sido relativamente corta o sin mayor trascendencia. Incluso, algunos apenas llegaron a ser conocidos por la fanaticada, por lo que no se les asociaba con Menudo. En estos casos, no se justificaba su inclusión.

Es así como el grupo que participaría en el proyecto quedó reducido a seis ex-integrantes: Ray, Johnny, René, Ricky, Charlie y Miguel. Estos seis, sin lugar a dudas se les identificaba con los años de lustre y mayor gloria de Menudo. Casi todos habían coincidido unos con otros al momento de su estadía en el conjunto. Todos se conocían y llevaban bien. Existía buena química entre ellos. Además, de su disponibilidad, había un buen balance en términos de personalidad y talento musical.

Dos empresarios puertorriqueños, José Pabón y Javier Gómez tuvieron la visión de apoyar a los jóvenes en su gestión. De inmediato, comenzaron los preparativos previos a la producción. Entre los mismos ex-integrantes se asignaron tareas específicas. Ricky Meléndez, quien actualmente se desempeña como abogado, se hizo cargo de la parte legal, así como de la administración del evento. Ray Reyes coordinaría lo relacionado a la parte artística, y así cada uno de los jóvenes asumió diferentes responsabilidades que los llevó a actuar como empresarios y a la vez como artistas.

La selección de las canciones a interpretar en el evento constituía un elemento fundamental. A través de sus años de existencia, muchos habían sido los éxitos musicales de Menudo. Era importante identificar aquellas melodías que más se asociaban con Menudo en el recuerdo de su fanaticada. Las canciones seleccionadas tenían que adaptarse a la realidad de que los intérpretes ya eran hombres, aun cuando la inmensa mayoría de ellas eran de corte juvenil. De manera que había que evocar el recuerdo, pero sin que los ex-integrantes lucieran fuera de lugar. Los arreglos de las canciones originales respondían a las tendencias musicales de dos décadas atrás, era necesario entonces ajustarlas a los 90, pero sin que tampoco perdieran la esencia que las distinguía. También, debía identificarse quiénes serían los intérpretes de las canciones y las rutinas con las que se acompañarían. Tampoco podía olvidarse el vestuario. Después de todo, la vestimenta fue uno de los elementos que más distinguió a Menudo, por lo que no podía descuidarse en esta ocasión. Para ayudar en éstas y en otras tareas indispensables, se reclutó y se contó con el apoyo del coreógrafo Joey Chéverez y el diseñador puertorriqueño David Antonio.

Otro aspecto que tenía que dirimirse con prontitud era cómo se le designaría al evento ante el público y los medios y para efectos publicitarios. Lo obvio hubiera sido hacer referencia y alusión directa a Menudo. Sin embargo, Menudo era un nombre y un concepto comercial debidamente registrado y protegido por las leyes de propiedad intelectual e industrial. El mismo no pertenecía a los ex-integrantes, por lo que no podían utilizarlo sin arriesgarse a ser objeto de demandas o acciones judiciales. Tampoco era correcto hacer referencia a los veinte años de la participación inicial, pues ese no era el caso de la mayoría de los que dirían presentes en el evento. Fue así, que se seleccionó como lema o motivo: **El Reencuentro, quince años después**.

De forma simultánea a la atención de estos asuntos, comenzaron los ensayos y las prácticas. A pesar de la química y de conocerse por tantos años, hubo sus diferencias y contratiempo entre los ex-integrantes. Contrario a su experiencia pasada con Menudo, donde Edgardo impartía las directrices con discreción absoluta, ahora eran ellos mismos como hombres maduros a quien correspondía superar los inconvenientes y mantener la armonía.

La celebración del evento se anunció al público formalmente en una concurrida conferencia de prensa celebrada en un restaurante de la capital. Inicialmente, se realizaría una sola función, la que desembocó en tres primeros conciertos el fin de semana del 30 de enero en el Coliseo Roberto Clemente.

Los grandes productores y empresarios de Puerto Rico aseguraban que este evento no tendría mayores repercusiones. Pensaron que se trataba de una fiebre temporera que no sería capaz de movilizar a más de tres o cuatro mil personas a un concierto. Estaban muy lejos de la realidad.

Cuando ni siquiera se había iniciado la promoción del espectáculo en los medios de comunicación, las líneas del cuadro telefónico de la compañía a cargo de la venta de boletos, sorprendentemente se abarrotaron con llamadas. En cuestión de horas se había vendido la mitad de un coliseo y en apenas dos días se vendió una función completa. Casi de inmediato, otra función adicional era vendida y días después, otra más. Lo que parecía imposible, nuevamente lo habían logrado. Un nuevo récord de presentaciones en una plaza había sido establecido. En esta ocasión, el lugar lo era el Coliseo Roberto Clemente de Puerto Rico. Pero, las cosas no quedaron ahí. Tres funciones adicionales se celebrarían después a petición del público. En su retorno triunfal, estos seis jóvenes, una vez más lograron llenar a capacidad el escenario en donde se presentaban, con un total de seis conciertos sin precedentes. La euforia era definitiva. Ni en los mejores años de Menudo había ocurrido algo de tal magnitud en su país. Los propios jóvenes jamás imaginaron tal reacción por parte de su público.

Más allá de los que alegaban ser "de Menudo pa' acá", niñas, adolescentes, mujeres, hombres, señoras, sin importar su edad estaban allí comprando sus boletos, de diez en diez, de veinte en veinte.

Personalmente puedo dar fe, del impacto que el retorno de estos jóvenes ocasionó. Una tarde, saliendo de A Tempo, un estudio de la ciudad de San Juan, donde ensayaba una de las artistas que represento, Javier Gómez, uno de los productores de los conciertos de El Reencuentro, nos invitó a pasar al ensayo. Desde que entré, sentí como la magia se apoderaba de mi. Una corriente de energía que no me era extraña subía por todo mi cuerpo. Esta sensación no era nueva, la había experimentado antes. Eran los mismo efectos embriagantes que en mis años de adolescencia, la magia de Menudo había producido en mí. La diferencia estribaba en que ahora como adulta, podía percatarme de ello. En los rostros de los jóvenes intérpretes se percibía el reflejo de una felicidad absoluta. El sentimiento y la energía que irradiaban, contagiaba aun al más emocionado. Escuchar aquellas canciones y verlos bailar frente al espejo del estudio, me transportó a ese país de las maravillas, de la ilusión y las posibilidades que sólo la música y los grandes del espectáculo son capaces de crear. De pronto, el recuerdo me arropó y la nostalgia me invadía a tal punto que logré atraer la atención de todos los presentes en el ensayo. Estaba cantando como si fuese la niña de doce años que deliraba por los menudos. Estaba en un sueño, en otra dimensión. La música se detuvo y desperté nuevamente a la realidad. Luego de revivir tantas experiencias pasadas, como estos tantas miles de fanáticas, sólo esperaba la noche del Reencuentro.

LA NOCHE DE EL REENCUENTRO

Finalmente llegó la gran noche: 29 de enero de 1998. La "menuditis" hacía su regreso. Había atravesado un periodo de incubación de muchos años hasta que al fin se manifestó con toda su intensidad. Esa noche el Coliseo Roberto Clemente se sentía diferente. Esta plaza ha sido escenario de los más diversos eventos artísticos, deportivos y políticos. Pero ese día, en definitivo, fue distinto. Sobre 10 mil almas se dieron cita esa noche. La expectación alcanzaba su nivel supremo. Al llegar la hora pautada las luces se extinguieron y el coliseo quedó en total oscuridad. Una emoción se apoderó del lugar. Cuando se apagaron las luces del coliseo, el ánimo del público fue "en crescendo". El tiempo había retrocedido, quince años. Era como si una máquina del tiempo nos hubiera transportado a otra época mejor. Así nos sentimos cada uno de los presentes. René, Charlie, Ray, Johnny, Miguel y Ricky, aún detrás del escenario se sentían igual. La histeria era colectiva.

Dos pantallas gigantes se encendieron a cada extremo del coliseo y se inició una proyección de visuales con escenas electrificante del pasado en las que presentaban multitudes de todo el mundo que los aclamaban en su época de gloria en Menudo. Es entonces, cuando en medio de toda esta histeria colectiva, aparecen en la tarima cinco niños vestidos de forma similar a Menudo al ritmo de la canción "A volar". La histeria que era grande, aumentó aún más. El suelo vibraba con intensidad. De inmediato, René, Johnny, Miguel, Charlie, Ray y Ricky hicieron su entrada triunfal. Estaban ataviados con unos elegantes atuendos parecidos en concepto a los que acostumbraban utilizar en sus años en Menudo. La euforia fue total. Comenzaron a interpretar el tema principal de la producción "Una aventura llamada Menudo", seguido por "Claridad", y

"Lluvia"... Gritos y más gritos se escuchaban antes y después de cada tema. Toda la noche fue de aplausos tras aplausos. Nunca se escuchó un sólo segundo de silencio. El coliseo se estremecía en sus cimientos, parecía caer.

Un grupo de bailarinas, emulando a las recordadas "Menudettes" que los acompañaban en sus conciertos, se unieron a ellos en varias de sus interpretaciones más movidas. Las coreografías que creó José Luis "Joselo" Vega en sus tiempos en Menudo fueron reproducidas con gran exactitud.

La conmoción se mantuvo de principio a fin. Fueron seis noches donde la nostalgia se hizo presente, provocando las más bellas emociones y hasta el llanto de muchos presentes, incluso de los propios artistas.

Hasta los hombres se subieron sobre las sillas, mientras vitoreaban las canciones que hicieron famoso al quinteto. Una nueva generación conocía a Menudo, gracias a la euforia que sembraron estos jóvenes. Las hijas de las menuderas de los 80, ahora serían fanáticas de un grupo que dejó de existir. Estarían adorando una imagen, algo superfluo que había sido recreado por la nostalgia de sus madres y la emoción de estos seis ex-integrantes. Menudo, que ya ni existe, continuará vivo en la mente y en el corazón de quienes fueron sus fanáticos y resurgirá con una nueva generación.

Luego del éxito logrado con este retorno, la pregunta obvia era qué pasaría después. Sería esto algo pasajero, que ciertamente emocionó a los que participaron, pero que una vez concluido el evento, ahí quedaba todo. Retornarían las cosas a su estado, previo a los conciertos, sin experimentarse cambio mayor. O por el contrario, sería esto sólo el inicio de otro gran fenómeno musical. La respuesta nos llegaría muy pronto.

Días después de los conciertos, la prensa preguntó a Edgardo Díaz sobre lo acontecido. Edgardo fue en extremo parco y se limitó a señalar que ellos no eran Menudo. Argumentó que si los ex-integrantes hubieran regresado cantando otras canciones que no eran las de Menudo, jamás hubieran llenado un Coliseo.

Edgardo, no estaba del todo incorrecto en su apreciación. Pero tampoco podía negarse la realidad. Estos seis jóvenes, no eran Menudo pero definitivamente, sí lo representan. ¿Cuántos coliseos hubiese llenado Adrián, Rubén, Ralphy, Jonathan y Roy? Por lo contrario, ¿qué efecto causaría si Andy Blázquez (uno de los ex-integrantes de la última etapa) hubiese cantado en un coliseo "Si tu no estás", en lugar de Ray Reyes? o ¿cuánto efecto hubiese hecho el que Roy Roselló interpretara "Sube a mi motora"? Difícilmente cualquier otro conglomerado de ex-menudos hubiera evocado tantos recuerdos y ocasionado tal conmoción. Pues si bien es cierto que Menudo tenía vida propia e independiente a la de sus integrantes, no es menos cierto que estos seis ex-integrantes con su estadía ayudaron a darle esa vida y nombre a Menudo.

Lo que resultó definitivo fue que las cosas para estos seis jóvenes no se quedaron ahí. Luego de sus exitosos conciertos en Puerto Rico lograron obtener una serie de reconocimientos y jugosos contratos. Estos ascendieron a varios millones de dólares. En la industria se comenta que la compañía discográfica Fonovisa otorgó un contrato de un millón de dólares por el disco en vivo de sus presentaciones. Mientras, se concretaba un acuerdo de enormes sumas de dinero por la venta de los derechos de su gira mundial que abarcará Latinoamérica, Estados Unidos y otros países y que producirán varias de las firmas de mayor prestigio en el mundo del espectáculo. Después de todo esto, sólo Dios sabe qué pasará. Lo que no podemos negar es que el fenómeno de Menudo, ha sido algo tan extraordinario y sin precedentes, que ha logrado sobrepasar su propia existencia para resurgir nuevamente como el ave fénix y electrificar una vez más, a las millones de personas a quienes una vez cautivó y que nunca lo olvidarán. Más aun, conquistará a toda una nueva generación que sin saberlo, lo estaba esperando. Las dimensiones de su legado final están aún por conocerse.

Los componentes del "El Reencuetro" en una foto informal en la ciudad de Nueva York.

Johnny

Ray

Miguel

Ricky

Charlie

René

Menudo, "antes" - 1984

Reencuentro "después" - 1998

Los seis jóvenes debutaron como productores en la grabación de su primer disco en vivo, "El Reencuentro, 15 años después" que lanzó al mercado la casa discográfica Fonovisa.

Su grabación en vivo "El Reencuetro, 15 años después" logró obtener un Disco de Oro por su exitosa venta.

Foto: Maritza Trinidad

Los integrantes de "El Reecuentro" durante la conferencia de prensa en la que anunciaron su gira de conciertos que se inició en Puerto Rico.

Foto: Maritza Trinidad

Como en sus tiempos en Menudo, Ricky Meléndez bromea con el público junto a sus nuevos compañeros de "El Reencuetro".

Charlie, Ray, René, Johnny, Miguel y Ricky lucieron emocionados durante cada una de las seis presentaciones que realizaron en el Coliseo Roberto Clemente de Puerto Rico.

Foto: Maritza Trinidad

Los ex-menudos utilizaron atuendos similares entre sí, evocando sus tiempos en Menudo.

Foto: Maritza Trinidad

RADIOGRAFÍA DE UN FENÓMENO

Para lanzar un producto al mercado, existen ciertos principios básicos. Como punto de partida, es necesario desarrollar el producto y su concepto. Luego de esto o de forma simultánea, hay que identificar el público al cual el producto irá dirigido. Acto seguido, se articula un plan estratégico que involucrará campañas de publicidad, relaciones públicas y mercadeo para alcanzar el público a través de los medios. Una vez se gana el favor del público, igualmente importante e incluso más difícil aún, es mantener esa lealtad inalterada. Para esto, es necesario ser consistente en términos de la calidad y concepto del producto. Sin embargo, el público se cansa, se aburre de los productos y cambia con facilidad su lealtad. Por tal razón, resulta indispensable renovar el producto contínuamente y mantener su imagen fresca y dinámica.

Los principios antes expuestos no sólo son aplicables a productos comerciales como comestibles y otros artículos de consumo. Los mismos también son igualmente aplicables al mundo del espectáculo y del disco, y concretamente a artistas y a conjuntos musicales. A pesar de esta realidad, es necesario hacer un señalamiento importante. Aun cuando los principios antes expuestos se observen al pie de la letra, no existe garantía alguna de que el éxito se alcanzará y se conservará. Para esto hace falta algo más: algo para lo que no existen universidades, ni libros de texto a los cuales acudir para encontrar respuestas o guías absolutas. Sólo la tenencia de cierta visión y perspicacia natural, perfeccionadas con la experiencia dictarán las pautas del éxito. Para todo aquel que le guste aprender de experiencias ajenas o simplemente tenga una gran inquietud por los secretos que hacen a los famosos, Menudo es la mejor escuela.

Al analizar el fenómeno de Menudo y el éxito alcanzado por esta agrupación tenemos que coincidir con la apreciación del periodista mexicano Rubén Aviña, autor del libro **Cómo se hace una estrella**, quien en 1982 sostuvo: "Cuando la gente me pregunta a qué atribuyo el éxito de Menudo, desde mi punto de vista, siempre aseguro, sin temor a equivocarme, que se debe más que nada a la perseverancia. Menudo no surgió de repente, así nada más. No. Desde años antes se estudió el proyecto y se analizó profundamente. No sólo trabajé yo en él, sino también muchas otras personas, todas ellas profesionales en su rama. Todo se planeó con mucho cuidado y finalmente, estuvimos plenamente seguros de que el triunfo llegaría pronto".

En su libro, Aviña enumeró tres puntos fundamentales que Edgardo le dictó al momento de hacer un análisis para el lanzamiento del que fuera el más famoso grupo hispano-juvenil de todos los tiempos.

1. En el panorama de la música juvenil en América Latina, hasta entonces no había surgido un grupo importante, que trascendiera. Todos venían de

Europa y de los Estados Unidos. Quizás Parchis, pero enfocado al público infantil. Y, ¿el juvenil?

2. Así que había un hueco, un vacío, una carencia en lo que se refiere a ídolos musicales para la juventud. Los jóvenes necesitaban urgentemente la aparición de nuevas figuras con las que pudieran identificarse.

3. En el terreno de la música en español, no había ningún grupo que interpretara canciones que fueran de acuerdo con la manera de pensar de los jóvenes, con su sentir latino.

Menudo definitivamente revolucionó la industria musical, desde el disco hasta el espectáculo, y marcó el comienzo de una nueva etapa en la historia musical que perdura hasta el día de hoy. Edgardo Díaz, el creador de Menudo, como buen comerciante, identificó un vacío en el mercado de la música, una gran oportunidad y desarrolló un producto y más que un producto, todo un concepto. En la actualidad, la juventud es uno de los mercados más importantes para cualquier empresa. Sin embargo, aunque parezca sorprendente cuando Menudo incursionó en el mundo de la música, el mercado de la juventud era uno totalmente olvidado.

En los Estados Unidos habían existido estrellas juveniles, especialmente en la industria del cine. Este era el caso de los Pequeños Traviesos (Little Rascals), Shirley Temple, Micky Rooney e incluso Elizabeth Taylor. Pero ciertamente, no podría hablarse de un mercado distinto, claramente definido y separado del de los adultos, al menos como lo conocemos hoy día. No fue hasta la década de los 50 con la llegada de Elvis Presley y el "Rock and Roll", que se identificó a la juventud como un segmento especial, con gustos y necesidades peculiares de consumo. Este mercado creció en tamaño y en importancia en los 70. Con la llegada de Los Beatles y la incursión de otras agrupaciones de la época, quedó más que evidenciada la capacidad que tenían los jóvenes de producir grandes sumas de dinero a aquellos empresarios que supieran identificar y atender sus reclamos.

Puerto Rico no estuvo ajeno a esta revolución musical. A comienzos de los años 60, el productor Alfred D. Herger, más que ningún otro, se hizo eco y fue propulsor en nuestra Isla de esta tendencia generacional o como se le llamó en aquellos tiempos de una "nueva ola". Chucho, Lucecita, Julio Angel, Alzeppy, Charlie Robles, Papo Román y más adelante Lissette, fueron todos exponentes de esta corriente musical. Por primera vez, los jóvenes se identificaban con sus propios artistas e ídolos, quienes exhibían imágenes y estilos musicales distintos a los de sus padres y a los de generaciones anteriores. Así, surgieron clubes de fanáticos a través de toda la Isla e incluso Nueva York. Estos clubes celebraban reuniones y auspiciaban actividades para promover a sus artistas favoritos. Así también, intercambiaban fotos autografiadas y otros objetos identificados con sus ídolos. Las estaciones de radio efectuaban sondeos entre sus oyentes para determinar qué artista contaba con un número mayor de seguidores. Las empresas comerciales comenzaron a utilizar a estos ídolos juveniles como promoventes de sus productos comerciales.

En sus inicios, estos nuevos exponentes de la canción recurrían a la traducción de éxitos musicales del "Rock & Roll" norteamericano. Las canciones eran de corte alegre y sin mayor elaboración o profundidad. El margen para la innovación, creatividad e individualidad propia era limitada. Sin embargo, al público puertorriqueño este hecho no le importó y por el contrario, hizo ídolos y modelos suyos a estos artistas. En los últimos años de la década del 60 y principios de los 70 otro grupo de jóvenes cantantes hizo también su incursión en el mundo del espectáculo puertorriqueño. Entre ellos podemos mencionar a Oscar Solo, Wilson Ronda, Yolandita Monge, Lilly Rosado, Pachito, Las Caribells, Ednita Nazario y los "Kids From Ponce".

Aunque sin lugar a duda, hubo sus excepciones honrosas, la inmensa mayoría de estos ídolos juveniles, se caracterizaron por tener una vida artística relativamente corta y por haber limitado su marco de difusión a Puerto Rico, sin lograr trascender a otros mercados internacionales. De todos estos intérpretes de la "Nueva Ola" y de la cosecha que posteriormente surgió, casi todos eran solistas o exponentes individuales. Esto contrasta con los desarrollos que simultáneamente ocurrían en los Estados Unidos y la Gran Bretaña en donde los principales exponentes jóvenes de la canción eran agrupaciones o conjuntos. En Puerto Rico, la utilización de conjuntos se circunscribió mayormente a la música afroantillana. Curiosamente, no fue hasta los años 80 y 90 que en cierta medida ocurre un fenómeno de inversión en donde surgen en la Salsa y el Merengue intérpretes individuales que alcanzan un éxito popular mucho mayor que el de cualquier conjunto de estos géneros.

En la década de los 70 ocurre un fenómeno particular en Puerto Rico. Ese mercado juvenil que había estado desarrollándose desde los 60 es súbitamente abandonado o al menos relegado. Es difícil precisar la razón para esto. Una posible explicación es la radicalización ideológica que caracterizó a la sociedad puertorriqueña de aquella época. La guerra de Vietnam, el problema de las drogas, las revueltas en la Universidad de Puerto Rico, la crisis económica, llevaron a los jóvenes a adquirir una conciencia social y ciudadana mucho más activa o militante. Esto se reflejó también en sus gustos musicales. Los artistas favoritos en el sentimiento de la juventud fueron precisamente aquellos que en sus canciones recogían toda esta efervescencia social que ocurría no sólo en Puerto Rico, sino en todo el mundo. Aquellas canciones simples, inocentes e incluso vanas que caracterizaron los 60 y principios de los años 70, ya no tenían cabida. Los intérpretes favoritos de la juventud lo eran ahora Joan Manuel Serrat, Facundo Cabral, Danny Rivera y una reinventada Lucecita Benítez. Es también para estos años que comienza a sentirse la influencia de la llamada nueva trova o nueva canción.

La intensidad social, política y económica de estos años fue tan grande que a mediados de los 70 un gran sector de la población buscaba de algún modo escapar de una realidad tan difícil y agobiante. La música era el escape ideal a todos estos problemas. Es precisamente en este contexto social y musical que Edgardo Díaz le presenta al mundo su creación: Menudo.

Como mencionamos a principios de este capítulo, Menudo no era sólo un producto más, sino todo un concepto. Los integrantes del conjunto eran presentados en poses cuidadosamente seleccionadas que mostraban cierta actitud dirigida a distinguirlos de otros y sobre todo a atraer la atención de unos adolescentes ávidos de modelos e ídolos a quienes imitar. Ese concepto, Edgardo Díaz lo desarrolló y lo mercadeó, como nunca antes se había hecho en la industria del disco.

Pero, Edgardo no se circunscribió a lo tradicional. Con su conjunto incursionó en mercados nunca antes explotados. Diversificó su concepto en múltiples ocasiones y de forma paralela creó toda una industria comercial de parafernalia y mercaderías que también le generaba ingresos cuantiosos.

En la década de los 80, la agrupación contagió a las masas de todas las edades con su estilo propio y se convirtió en un fenómeno publicitario. Destacadas firmas comerciales contrataron los servicios del quinteto para asociar sus productos con éste. Con el objetivo de atraer a la fanaticada de Menudo hacia sus productos, marcas como Hawaiian Punch, Leche Fresca, Crest, Tom McAnn, Scope, Borsalino, Mc Donalds y Pepsi, entre otros, desarrollaron campañas y hasta productos especiales, utilizando el nombre e imagen del grupo. ¿Quién no recuerda los Macanudos? Seguramente tú o algún familiar cercano a ti tuvo unos. Claro, pues cientos de jóvenes salieron corriendo a comprar estos zapatos luego de ver el anuncio de Tom McAnn, en el que aparecían René, Xavier, Johnny, Ricky y Miguel, cantando y bailando.

¿Cuántos se imaginaron estar a bordo de la nave espacial de Crest? "Cepíllate a MENUDO con Crest, cepíllate con Crest" fue el exitoso estribillo ("jingle") de la campaña diseñada para esta conocida marca de pasta dental. Por otro lado, la cadena de restaurantes de comida rápida número uno en el mundo, Mc Donalds, utilizó a Menudo en una de las más recordadas campañas publicitarias.

Pero, no podemos olvidar, el más importante de todos, **Pepsi**. En 1983, la industria de publicidad de bebidas gaseosas experimentó un giro total durante la incumbencia de Roger Enrico en la presidencia de Pepsi-Cola USA. El ejecutivo principal de la división de gaseosas se propuso revolucionar la propaganda comercial de esta compañía. Durante veinte años, Pepsi había dirigido sus campañas publicitarias a la gente joven, a todas las personas que "miran hacia adelante y que quieren más de la vida". Llamaron a sus consumidores "La generación Pepsi". En ese entonces, se difundía en los medios de comunicación la campaña del "Desafío Pepsi" que establecía una comparación directa entre la Cola Cola y la Pepsi, colocando al sabor de Pepsi como el favorito del público, versus el sabor de Coca Cola, en pruebas realizadas por la compañía.

A los pocos meses de haber asumido el mando, Roger Enrico suspendió el "Desafío Pepsi" y cambió su antigua estrategia por una totalmente innovadora y revolucionaria. Paso seguido, Pepsi firmó un contrato de 5 millones con el artista "más pegado" de esos tiempos, **Michael Jackson** y a sus cuatro hermanos "Los Jacksons". A principios de 1984 y con Jackson en mente, el reconocido publicista Alan Pottasch creó la campaña publicitaria "La preferida de una nueva generación", una serie de comerciales para la gaseosa que serían parte de la historia publicitaria de Pepsi y los Estados Unidos. En la misma se identificaba con Pepsi, la imagen de reconocidas figuras de la música, admiradas por la juventud como Michael Jackson y luego Lionel Richie. A estos se sumaron varios comerciales dirigidos a erosionar la imagen de la Coca Cola y asociarla con el nombre de "Arqueología", para hacerla parecer como "algo del pasado", mientras que Pepsi lucía como un producto joven y moderno.

Los comerciales con Michael Jackson fueron los más vistos por el público de los Estados Unidos. Esta campaña ganó todos los premios importantes en la industria publicitaria y elevó las ventas de la compañía, que alcanzaron las cifras más altas de su historia. Luego de afirmar su éxito en los Estados Unidos con los comerciales de Jackson, Pepsi emprendió la misma estrategia para el mercado hispano. Debían conseguir su "Michael Jackson latino". Esta figura tenía que identificarse con la juventud, poseer una imagen intachable, fresca y dinámica, un espíritu nuevo y mucha magia; un nombre que sonara ante todos. **Menudo** fue su respuesta. Más que un comercial, para esta empresa productora de bebidas gaseosas la utilización de Menudo fue parte integrante de una estrategia comercial o mejor dicho de una guerra comercial: la llamada "guerra de las colas". Ellos serían su nueva herramienta para continuar enfrentando esta guerra comercial que se había desatado en el mercado de las gaseosas. Luego de Menudo, otras estrellas de la música latina filmaron anuncios para Pepsi, como: Chayanne, a finales de los 80, Juan Luis Guerra en el 1991 y tan reciente como en los últimos dos años, Ricky Martin (uno de los "hijos de Menudo").

La exposición y éxitos obtenidos por Menudo durante estos años, abrió la ruta a nuevas aventuras comerciales. Edgardo Díaz, como en tantas otras ocasiones, supo aprovechar la oportunidad. No es exagerado decir que en la historia del mundo del espectáculo difícilmente ha existido un artista o grupo musical que durante sus años de gloria, y en vida, haya generado la diversidad de mercadería ("merchandising") que lanzó Menudo. Si alguna vez ha tenido la oportunidad de visitar una tienda que posea este tipo de artículo en cualquier parte del mundo, podrá notar que existe un gran surtido perteneciente a figuras como Elvis Presley, Marilyn Monroe, James Dean, Charlie Chaplin, Lucille Ball y otros. Sin embargo, la difusión de artículos identificados con la imagen de estos artistas, surge realmente a partir de la desaparición o retiro de estas megas estrellas de Hollywood. En la actualidad, se pueden adquirir productos de Michael Jackson, Madonna, Spice Girl, Michael Jordan y de los actores y actrices más famosos del cine, pero nada, ni siquiera cercano a los que se produjeron con la imagen de Menudo. El quinteto contó con un verdadero mercadeo de vanguardia: mahones ("jeans"), faldas, muñecos, camisas de vestir en diversos estilos, camisetas, relojes, cadenas, pulseras, sortijas (anillos), aretes, libretas de autógrafos, libretas de escuela, reglas, lápices, bolígrafos, gomas de borrar, juegos de mesas (Menudo Karshow Game), carteras, accesorios para el cabello, álbumes de estampillas, fotonovelas, tazas, cartucheras, cinturones, bultos (mochilas), zapatos, forros para libros, medias (calcetines), prendedores ("pins"), botones, diarios, llaveros, peinillas, toallas, cepillos de dientes, postales, libros (en diversos idiomas), fotos, "posters" (afiches), alcancías, monederos, banderines, "frisbees", globos (bombas), rompecabezas, tarjetas musicales para diferentes ocasiones, piñatas para cumpleaños y hasta goma de mascar. También existían tiendas especializadas en la venta de estos artículos.

Tan famoso como el mismo Challenger y las naves Apollo, lo fue el jet privado que llevaba impreso el logo de la agrupación. Más que un medio de transportación, el avión de Menudo se transformó en otro mecanismo de difundir y acrecentar la imagen del conjunto. De inmediato, este costoso "juguete" se convirtió en el logo de todo artículo promocional, programas de televisión y/o cualquier otro producto derivado. Contrario a lo que uno habría de esperarse, el famoso avión siempre estuvo visible y al alcance de toda la fanaticada. Esto encajaba perfectamente con su naturaleza de herramienta de mercadeo, la que se explotó a capacidad en cada rincón del globo que visitó Menudo. El avión simbolizó una de las etapas de mayor éxito y grandeza del quinteto. ¿Podría recordar algún artista que haya tenido un avión con su nombre impreso? Tal vez, a excepción del héroe de las tirillas cómicas, Batman, no exista otro.

La adquisición de este jet, sumado a un sinnúmero de esfuerzos promocionales, cambió considerablemente la percepción del público. Menudo se convirtió en una estrella inalcanzable, capaz de tener su propio avión y necesitado de la más estricta seguridad. La fama, la fanaticada y los innumerables compromisos artísticos en países con escasa disponibilidad de vuelos, obligaron a hacer esta enorme inversión. Ahora, eran realmente grandes, tanto como el Presidente de los Estados Unidos, que requiere de su propio avión para movilizarse. ¿Cuán famoso tiene que ser un artista para poder necesitar y darse el lujo de tener un jet privado? Para su público, esto los hizo aun más grandes.

En el negocio del espectáculo, la grandeza del artista se mide a base de la magia que se crea alrededor de éste. No cabe duda de que Edgardo Díaz conocía muy bien este precepto y supo perfeccionarlo hasta convertirlo en uno de los elementos esenciales de su tan exitosa fórmula. Tanto así, que su propia residencia, la archifamosa mansión ubicada sobre la loma en Caguas, se convirtió ante todos en el "Hogar de los menudos", a donde cualquier fanática soñaba llegar. Ni la mansión de "Playboy" fue tan codiciada en aquellos tiempos. El mismo Edgardo se encargó de mostrarles el lujoso cuartel -desde la sala hasta la piscina- a todos los interesados, a través de videos musicales, reportajes y programas especiales, donde inclusive mostraban al quinteto llegando en helicóptero.

Dentro de la agrupación, a cada uno de los jóvenes se le asignaba características que lo identificaban con un personaje que tendría que representar toda su estadía en Menudo y con el cual las chicas se identificarían. Esto le añadía personalidad propia y lo diferenciaba de los otros. Hasta las canciones que interpretaba cada integrante eran asignadas según la temática que mejor respondiera a cada personaje y sus capacidades. Por ejemplo, los temas que requerían de mayor condición vocal recaían sobre Fernando, Miguel, Johnny, Ray, Robby y Raymond, entre otros, según sus etapas. De igual modo, en cada película o miniserie se les encargaba un personaje con características similares a la de su realidad. Es decir, a cada uno se le otorgaba un papel que desempeñaría y lo caracterizaría dentro de la agrupación para diferenciarlo de los restantes. Con mucha facilidad, podríamos recordar a Ricky Meléndez, quien con su buen humor, comentarios simpáticos y personalidad extrovertida, logró distraer a la fanaticada de su poco atractivo físico y se caracterizó por ser el *stand up comedian* del conjunto. Por su veteranía, se le otorgó el título de *líder de grupo*. Johnny, en cambio se distinguió por ser *el romántico*. Su personalidad tímida y su dulzura al cantar le mereció los temas de amor y ternura, y por supuesto, el personaje del sufrido enamorado en las películas. ¿Quién no recuerda a su gran amor, Clara en *Una aventura llamada Menudo*? ¿Cómo olvidar a Miguel interpretando *Cuándo pasará*? En esta canción, uno de los grandes éxitos del grupo, un joven le preguntaba a Dios, cuándo volvería a ver a su padre, del cual se encontraba separado al éste haberse divorciado de su madre. En la realidad, los padres de Miguel eran divorciados y él vivía con su madre. Nadie podía identificarse mejor con el tema y hacerlo parecer más real que el propio Miguel. A Charlie, su condición física le ganó los temas enérgicos como *Salta la valla* e *Indianápolis*. Además, por "seniority" heredó la posición de liderato que Ricky Meléndez ejercía, cuando éste abandonó finalmente el grupo. Sobre Robby Rosa, recayó la mayoría de los temas en el idioma inglés como por ejemplo, el éxito *If You're Not Here* y *Like A Cannonball*, el tema central de la película que se realizó en Hollywood. Esto obedeció a su evidente dominio del lenguaje y habilidad interpretativa. En fin, es una realidad que cada tarea y responsabilidad, se asignaba a tono con la personalidad y virtudes de cada jovencito. Explotaban sus capacidades y talentos, a la vez que lograban hacer pasar inadvertido al más deshabido.

Aunque en ocasiones algún integrante lograba sobresalir por su talento o carisma sobre los demás, Edgardo siempre cuidó en todo momento porque la estrella fuera

Menudo y no los integrantes en su carácter individual. Esta fue una de las claves para que el conjunto se mantuviera vivo por tantos años, a pesar de experimentar constantes cambios de integrantes, muchos de los cuales adquirieron gran notoriedad y sobresalieron entre el público. De haber recaído la totalidad del peso artístico sobre alguno de ellos, la salida de ese integrante hubiera desarticulado la existencia de Menudo.

En la selección de los integrantes de la agrupación también se mantuvo un balance en términos físicos, visuales y de edad. Edgardo, en cada etapa o periodo de Menudo convertía a uno de los jóvenes en el líder o ancla del conjunto. Este papel en cierto momento lo desempeñaron René Farrait, Ricky Meléndez, Charlie Massó y Robby Rosa, entre otros.

Aunque con regularidad y podríamos decir casi como norma, en el quinteto siempre había uno o más integrantes de ojos o cabellos claros, la administración del grupo, también veló porque entre los muchachos siempre hubieran jóvenes que fueran latinos en su apariencia. De igual manera, los integrantes eran bien parecidos, esbeltos y de buena imagen. El esmerado cuidado de estos detalles, sin dudas ayudó al arraigo del grupo entre las jovencitas.

Las cintas de largo metraje "Menudo, la película" (filmada en Venezuela) y "Una Aventura llamada Menudo" (filmada en Puerto Rico) colocaron al quinteto en una posición ventajosa sobre otros artistas latinos. Ambos filmes giraban en torno a la carrera de la agrupación, con excelentes visuales de su arrollador éxito en el exterior y destacaban el furor que motivaban en su fanaticada. Ambos, también presentaban a los artistas rodeados de la magia del espectáculo, las aventuras del ambiente artístico, las persecuciones de sus fanáticas y la grandeza que convierte en adicto al público.

No hay que ser Steven Spielberg o un gran conocedor del cine para decir, que estas cintas no eran ni remotamente el tipo de película que se enviaría a competir al prestigioso "Festival de Cine en Cannes". Pero, claro está, esto nunca fue el propósito de sus productores. Por lo contrario, las mismas fueron producidas con el objetivo en mente de vender la imagen y promover el nombre de Menudo internacionalmente, estrategia similar a la cinta *It's A Hard Days Night* de Los Beatles y la versión moderna de las Spice Girls, *Spice World*. Esta estrategia alcanzó con creces su objetivo, pues *Una Aventura llamada Menudo* logró convertirse por largo tiempo en una de la película más taquillera en Puerto Rico, a la vez que rompió récord en los teatros de Latinoamérica y Nueva York. ¿Quién lo hubiera pensado? Sobre todo cuando se tiene en mente que otras producciones locales de mejor calidad y temática, ni siquiera se le han acercado en término de logros económicos y respaldo del público.

El éxito obtenido por la agrupación en Venezuela, la colocó sobre base firme para la internacionalización. Esta meta fue capitalizada posteriormente al grabar en este país, varias miniseries, telenovelas y un largometraje con elenco venezolano. Esta fue una estrategia muy acertada, pues por un lado, Venezuela es una de las mayores exportadoras de telenovelas en Latinoamérica, por lo que se enviará el mensaje a otros mercados. Por otro lado, estas producciones contribuyeron a que el público de este país adoptara como suyos a los cinco jóvenes puertorriqueños.

Si hay una fórmula que nunca deja de tener efectividad, ya sea en la política, en el mundo de los negocios, el deporte o el espectáculo, es el apelar al sentido de patriotismo de un pueblo. No hay nada más seguro. Es por tal razón que con frecuencia vemos a artistas extranjeros alzando la bandera del país al que llega o le grita al público, entre aplausos, que esa es su segunda patria. Menudo también supo explotar esto al máximo.

En Argentina, decidieron reaplicar la misma fórmula con la telenovela. "Por siempre amigos". La estrategia de convertirlos en "hijos adoptivos", mediante la utilización de producciones locales en países con un gran potencial de mercado y un alto sentido de nacionalidad, les ganó el favor eterno de sus públicos.

El ser humano es un manojo de sentimientos y emociones. En nuestro caminar por la vida el hambre, la sed, el amor, la pasión y la nostalgia motivan y explican el comportamiento que en un momento dado exhibimos. Una escena romántica de una novela, una composición musical "en crescendo", un vaso con soda burbujeante o una jugosa hamburguesa son algunos de los recursos utilizados por los medios de comunicación y las campañas publicitarias para tocar ese "botón" o "resorte" que despierta en nosotros esas emociones de pasión, tensión, nostalgia, sed o hambre. Por eso, cuando una empresa comercial vende una cerveza, se asegura de que en sus anuncios figuren jóvenes ejecutivos, con lujosos autos deportivos y acompañados de chicas bonitas. Esto es así, porque sus estudios de mercado le indican que su público potencial, en este caso los hombres jóvenes, persiguen y definen su éxito a base de la chica que les acompaña y el auto que poseen. De igual modo, podemos inferir que a las mujeres les agrada un hombre exitoso, de atractivo físico y con un buen auto. Este hecho también es explotado con gran éxito por la industria publicitaria.

Los manejadores de Menudo conocían muy bien estos principios y siempre los tuvieron presentes para aplicarlos en todas y cada una de las actuaciones y participaciones del conjunto. Uno de los segmentos poblacionales en donde con mayor efectividad se aplicaron estos postulados publicitarios, fue precisamente el público femenino. Los manejadores del conjunto apelaron a las emociones de la mujer y lograron como nunca antes lo había hecho otra agrupación musical de su generación, revolcar las hormonas femeninas de las jovencitas en desarrollo.

A este público juvenil femenino y sobre todo a sus emociones y aspiraciones, fue dirigido el certamen conocido como **La chica joven de Menudo**, creado por René Zayas, una de las cabezas de la organización del quinteto. Todas las fanáticas de Menudo eran invitadas a participar en un concurso en donde se les evaluaba por su belleza, inteligencia y exposición. La ganadora, aparte de lograr para sí premios y compensaciones de naturaleza material, tendría la oportunidad o más que la oportunidad, el privilegio de hacer realidad su sueño de conocer personalmente y de estar cerca de sus ídolos. El concurso, además de ser una buena fuente de ingresos para los directivos del quinteto, también fue un extraordinario programa de relaciones públicas que asociaba la imagen del conjunto con la inteligencia y simpatía de la juventud, en este caso, de jovencitas. El arraigo de este certamen entre las fanáticas lo mantuvo vivo por cinco años consecutivos y permitió expandirlo a otros territorios como Texas, Nueva York y México.

"La chica joven de Menudo", fue apenas un mero componente, entre cientos de otras estrategias de mercadeo y relaciones públicas. Un conocimiento básico del comportamiento y de la psicología humana, unido a un dominio magistral de los medios de comunicación por parte de la administración de Menudo, hizo posible que el conjunto alcanzara una prominencia nunca antes lograda, incluso por agrupaciones o artistas más talentosos.

En términos de relaciones públicas, existen dos tipos de medios: los que están bajo nuestro control y los que no lo están. Un ejemplo extraordinario de la primera categoría, lo fue el programa de televisión "La gente joven de Menudo" (luego llamado "Menudomanía"), transmitido todos los sábados por la cadena de televisión Telemundo en Puerto Rico. Este programa fue una gran herramienta de exposición para el conjunto en sus comienzos. Pero además, fue un medio de relaciones públicas totalmente controlable, a través del cual se mercadeaba la imagen de Menudo desde todos sus ángulos. Los triunfos y logros del conjunto eran comunicados por medio de una especie de noticiario que permitía a su fanaticada mantenerse informada de los pasos de sus integrantes en cada uno de los países y plazas que visitaban. Esto hacía sentir a las admiradoras como si formaran parte de la vida de Menudo y las identificaba más aún con el quinteto. El efecto de "la pantalla" (televisión) fue evidente. En poco tiempo, "hasta los gatos" conocían sobre Menudo.

La internacionalización del grupo colocó a sus integrantes en la mirilla de todos, tanto de jóvenes como adultos. Los más jóvenes soñaban con imitarlos, mientras que los adultos engrandecían su ego y orgullo patriótico, ya que Menudo se había convertido en el más grande embajador de Puerto Rico. Tan grande fue la conmoción que ocasionó, que logró voltear la atención de países tan lejanos como Japón, Filipinas, Argentina, Hawaii, Australia, Italia, Africa y Brasil hacia esta pequeña tierra. El más mínimo detalle de los éxitos alcanzados en las distintas plazas internacionales fue comunicado a sus seguidores. Menudo viajaba con periodistas, fotógrafos y camarógrafos todo el tiempo. Edgardo no perdía un sólo minuto para documentar sus éxitos. Dondequiera que hubiera un lugar hermoso, Edgardo con sus conocimientos en producción, grababa al conjunto para luego utilizar el pietaje en videocintas y noticias y hasta en muchas ocasiones, él mismo grababa la voz ("voice over") que narraba los acontecimientos.

Cómo llevar un mensaje es una de las reglas más importantes en la industria de la comunicación. Multitudes de fanáticas enardecidas, logros importantes, sus bailes, las canciones del momento, visuales de ensayos y exitosos conciertos, incluso hasta detalles de la vida cotidiana de cada uno de los integrantes (como el padecimiento de una enfermedad, y hastas los cumpleaños) eran transmitidos y comunicados al público a través de los medios. Esto le hacía sentir a su fanaticada que los tenían cerca, y más aún que conocían casi personalmente a cada uno de los componentes del quinteto. Todas estas vivencias y experiencias se hubiesen perdido y no hubiesen tenido mayor impacto en la trayectoria de la agrupación, si los manejadores de Menudo no hubieran utilizado uno de los postulados de este negocio: informar. Cada logro fue documentado y expuesto al público, a través de todos los medios de comunicación. De modo que podemos decir, que no tan sólo el público que los siguió, hizo famoso a Menudo, sino que también gran parte del público siguió a Menudo porque Menudo era famoso.

Esta misma estrategia ha sido la clave del éxito alcanzado por artistas como Chayanne y Ricky Martin, quienes forjaron su grandeza a través de los medios masivos. En el caso particular de Ricky Martin, con quien tuve la oportunidad de trabajar en las áreas de promoción, mercadeo y relaciones públicas, todas las semanas enviábamos comunicados a la prensa hasta del más sencillo de los logros del artista. Cada paso de éste era elevado a la máxima potencia para añadirle la ineludible "magia" que caracteriza a una estrella. Invitábamos periodistas para que acompañaran a Ricky en sus giras de conciertos y diversos compromisos artísticos con el propósito de que documentaran cada uno de sus logros y se sintieran parte de los mismos. Los medios inmortalizan y esto nunca debe olvidarse, ni pasar inadvertido por los promotores y manejadores de artistas. Edgardo Díaz y los administradores de Menudo siempre lo tuvieron presente.

Irónicamente, en los momentos en que Menudo estuvo en el pináculo de su fama, sus espectáculos eran exageradamente sencillos. En sus presentaciones utilizaban pistas para cantar, en lugar de músicos en vivo. Sus conciertos en estadios y coliseos carecían de escenografía y efectos sofisticados de luces como acostumbraban a incluir en sus espectáculos las estrellas musicales de su fama y dimensión artística. Sin embargo, cuando pisaban plazas como el Centro de Bellas Artes de Puerto Rico y el Radio City Music Hall de Nueva York, la historia era otra. El montaje era espectacular. Podríamos recordar haber visto en tarima un avión, una gigantesca bandera de Puerto Rico, decenas de bailarinas y hasta un globo terráqueo del cual salían los integrantes como parte de la apertura del concierto.

Todo tenía un nombre y un por qué. Hasta el cuerpo de bailarinas que los acompañaba en sus presentaciones, adquirió un nombre propio. Las "Menudettes", como se les denominó, eran la envidia de todas las fanáticas y muchas de ellas decidieron iniciar cursos de baile con la esperanza de pertenecer algún día a este grupo selecto.

Menudo fue la primera escuela del negocio del espectáculo en Puerto Rico y quizás en muchos otros países latinoamericanos. Muchos de los productores, manejadores, artistas y conceptos posteriores surgieron tomando como base el curso y las estrategias adoptadas por las mentes que crearon a Menudo.

No podríamos precisar con cuanta certeza y planificación, Edgardo Díaz diseñó todas estas estrategias.

Posiblemente, muchas de ellas, surgieron como resultado de otros elementos y no de la premeditación. Sin embargo, no puede negarse que Edgardo tuvo la visión suficiente para identificarlas y capitalizar sobre las mismas, lo que de por sí es evidencia de una gran talento y habilidad comercial.

Podríamos pasar meses enteros analizando cada uno de los aspectos y puntos que dieron base a el éxito obtenido por este inmortal fenómeno. Cada vez que intentemos concluir el tema, un ángulo nuevo vendrá a nuestra mente. Pues no fue una sola gestión, un sólo hecho, ni una sola persona la que llevó a Menudo a ser el máximo fenómeno que el mundo de la música y el espectáculo latinoamericano han conocido hasta el día de hoy.

No importa cuánto lo analicemos, lo critiquemos o lo elogiemos, Menudo fue un fenómeno y como tal hay muchas cosas que carecen de explicación.

Por esto, cuando en una ocasión me preguntaron por qué "El Reencuentro" ha alcanzado una dimensión tan descomunal, mi explicación fue sencilla: "Esto es un fenómeno, amigo mío".

Johnny, Miguel, Ray y Charlie en el programa de televisión "La gente joven de Menudo". Este servía de vehículo para que los jóvenes interpretaran sus canciones y éstas se grabaran en la mente de su fanaticada.

El certamen "La chica joven de Menudo" contaba con más de 80 participantes de los diferentes pueblos de Puerto Rico. También se celebró en Texas, Nueva York y México..

El globo terráqueo y una bandera gigantesca de Puerto Rico fueron algunos de los elementos de producción que el quinteto utilizó en sus conciertos. Aquí hacen su entrada al escenario del Centro de Bellas Artes de Puerto Rico.

Miguel recibe instrucciones durante la filmación del comercial para la pasta dental Crest.

Menudo contó con un catálogo de mercadería muy variado.

Edgardo y Menudo junto a los ejecutivos de la firma comercial Pepsi, tras firmar el contrato.

El quinteto durante la filmación de uno de los comerciales de Pepsi.

Tras bastidores

Miguel Cancel, quien desde muy joven fue fanático de Menudo, audicionó por primera vez para la agrupación cuando tenía 9 años. En aquella ocasión, los nervios lo traicionaron y no se atrevió a cantar. Cuatro años más tarde (a los 13 años), lo intentó nuevamente y tras hacer una excelente audición, ingresó a la agrupación.

Como cualquier niño, Miguel en su tiempo libre disfrutaba de los juegos electrónicos. En la pared se obseva el "poster" promocional del disco Rock Chiquillo.

Cuando tenía 12 años, Charlie Massó hizo su primera aparición oficial en una tarima junto a Menudo, en 1982, el mismo día en que la agrupación debutó en el Centro de Bellas Artes de Puerto Rico.

Antes de hacer su ingreso en la agrupación, Charlie trabajaba ayudando en Padosa en varios asuntos relacionados al juego de mesa "Menudo Karshow Game" con la esperanza de entrar al grupo. ¡Y lo logró! Cuando el propio Edgardo Díaz, personalmente le notificó, pensó que se trataba de una broma.

Robby siempre se identificó con los niños. El mejor ejemplo fue el caso de Marcelo, un niño brasileño a quien la agrupación adoptó por iniciativa de Robby y le enviaba un donativo mensual para que cursara sus estudios.

■ A pesar de su talento, Robby Rosa fue aceptado para formar parte de Menudo, luego de tres infructuosos intentos por entrar a la agrupación.

■ Es precisamente con el ingreso de Robby que Menudo se abre paso en el mercado anglosajón de Estados Unidos y de forma simultánea en otros continentes, convirtiéndose en la primera y única agrupación puertorriqueña en penetrar tan difíciles mercados.

■ A su salida del quinteto, Robby protagonizó una película para el cine, llamada "Salsa". Su pareja protagónica, Angela Alvarado se convertiría posteriormente en su esposa.

Por las casualidades de la vida, Ray Reyes y Raymond Acevedo audicionaron simultáneamente para la agrupación. En esa ocasión fue escogido Ray. Irónicamente, Raymond sería quien lo sustituiría al momento de su partida.

■ En la historia de Menudo, de los 33 integrantes que pasaron por la agrupación, tres de estos, se llamaron Ricky.

■ En 1984, Ricky Martin, cuyo verdadero nombre es Enrique Martin, sustituyó al veterano Ricky Meléndez, tras su salida de Menudo. En otras palabras, "Ricky sustituyó a Ricky".

En 1985, Ricky Martin como integrante de Menudo, filmó varios comerciales para la compañía de gaseosa Pepsi Cola, sin saber que en 1997, ya como solista volvería a filmar otros comerciales para esta importante marca. Definitivamente, Ricky ha tomado mucha Pepsi.

Ricky disfrutaba de un chapuzón.

Para sustituir a Ricky Meléndez, Ricky Martin tuvo que atravesar por tres diferentes procesos de audición y eliminatoria para ser seleccionado, pues los organizadores del quinteto entendían que era muy bajito de estatura en comparación con los otros integrantes.

El actual asistente y manejador personal de Ricky Martin, José Luis Vega (Joselo), fue también su coreógrafo durante la etapa en que el artista perteneció a Menudo.

Para finales de los años 80, el manejador del popular artista puertorriqueño, Chayanne anunció ante los medios con "bombos y platillos" la participación del prestigioso coreógrafo norteamericano, de origen hispano, Kenny Ortega en el montaje coreográfico y la dirección de su videoclip "Este ritmo se baila así". Este anuncio en modo alguno fue una primicia, pues en 1985, el también coreógrafo de la película "Dirty Dancing", ya había trabajado con Menudo en la realización del video "Hold Me" en la ciudad de Los Angeles, California.

▌Cuando apenas era una adolescente, Lilly Stefan, la prima de la
▌cantante Gloria Stefan y quien se desempeñó como modelo del
programa de televisión "Sábado Gigante" que conduce Don Francisco
y que se transmite a través de la Cadena Univisión de Miami, fue
nombrada en 1983, la "Novia oficial de Menudo" en un evento
realizado en esta ciudad.

▌Cuando Menudo comenzaba a tener éxito en su patria, Puerto
▌Rico, llegó a realizar una gira a través de la Isla en la que visitaron
hasta 15 pueblos diferentes para llevar su concierto. Ningún otro
artista ha logrado hacer esto en Puerto Rico.

▌En una redada efectuada en la ciudad de Nueva York para
▌encautar discos y mercancía falsa (piratería) de Menudo, la
gerencia del conjunto en unión a la Policía logró ocupar tantos
artículos como para completar un cargamento valorado en 200 mil
dólares. Esta mercancía fue traída a Puerto Rico y obsequiada a los
niños menos afortunados.

▌El avión de Menudo que costó un millón
▌doscientos mil dólares, tras quedar en
desuso, años más tarde tuvo que
dejarse varado en un angar
tirado a pérdida, pues su costo
de reparación ascendía a 600
mil dólares.

Si alguno de los integrantes se
enfermaba, ahí estaban sus
compañeros y Joselo para
hacerle pasar un buen rato, así se
recuperaba con mayor rapidez.

■ La palabra Menudo surgió cuando al llegar la hermana de Edgardo Díaz a la casa de éste y ver el tumulto de niños que estaban audicionando, exclamó: "¡cómo está el menudo aquí!". Y así, quedó institucionalizado el nombre.

■ Robby Rosa (conocido en la actualidad por varios pseudónimos como: Robi "Draco Cornelius" Rosa e Ian Blake) luego de su salida de Menudo grabó con el sello norteamericano Capitol Records, como vocalista de una banda de rock que le llamó "Maggie's Dream" (1990). Con esta agrupación ganó el premio como "Best New Funk Band" en la reconocida ceremonia "Billboard Awards" (1991).

Siempre separaban tiempo para atender las llamadas de las fanáticas.

■ Varias de las más importantes marcas y firmas comerciales como Hawaiian Punch, Leche Fresca, Crest, Tom McAnn, Scope, Borsalino, Mc Donalds y Pepsi Cola, entre otras, desarrollaron campañas y productos especiales, utilizando el nombre e imagen del grupo. ¿Recuerdan los macanudos?

■ El tema "Súbete a mi moto" tiene una segunda versión titulada "Sube a mi motora", pues la palabra "moto" que en Puerto Rico es una abreviación de motora, en otros países posee connotaciones diferentes.

La canción "Dame un beso" es una versión que protagonizó el quinteto, del tema "Nacido para amarte" de la agrupación de rock norteamericana KISS.

El disco "Rock chiquillo", fue cambiado de nombre para convertirse en "Quiero ser", pues tras la telenovela del mismo nombre realizada en Venezuela , éste tema llegó a ocupar la posición número uno en la radio de varios países.

Tras su incursión en Menudo, el debut de Ricky Martin en México fue en un concierto realizado en la Plaza de Toros, dos días antes de su cumpleaños, exactamente el 22 de diciembre. Durante la presentación, el público que sobrepasaba las 40 mil personas, le cantó "Las mañanitas" a Ricky en celebración de su cumpleaños número trece.

El tema "Marcelo" del disco "Ayer y hoy" fue dedicado a un niño brasileño que el conjunto adoptó en Río de Janeiro y al que mensualmente le enviaban un donativo para ayudarlo a cursar sus estudios. Esta obra caritativa fue gestionada por Robby Rosa, quien se identificó con Marcelo desde el primer día en que lo conoció. Marcelo se convirtió en un hermano para Robby y sus compañeros de Menudo. Incluso, una de las experiencias más emotivas del quinteto en Brasil fue cuando en el concierto celebrado en el Estadio Morumbi de Sao Paolo, Robby con él niños en sus brazos, interpretó la canción que lleva su nombre. Por cierto, parte de las regalías que generó este tema fueron donadas a la institución que se encarga de Marcelo y otros niños como él.

Robby y Ricky: compañeros inseparables.

El grupo "Los chicos", al igual que Menudo contó con dos integrantes cuyos nombres eran Miguel y Ray.

El legendario tema **Súbete a mi moto** fue tan popular en **Colombia**, que para el año de **1983**, se elevaron las ventas de motoras y se pusieron de moda entre todas las jovencitas. Toda joven tenía que poseer una motora.

En marzo de 1983, Menudo visitó a Colombia como parte de su primera gira de presentaciones. Durante este año, también visitaron el país, el Papa Juan Pablo II, Julio Iglesias, José Luis Rodríguez y los miembros de la Selección Argentina de Fútbol. Sin embargo, todos estos quedaron relegados a un segundo plano y fueron opacados por la presencia absorbente de los boricuas. Increíblemente, por todo el país se colocaron letreros que leían: «¡Ver a Menudo y después morir!».

En 1989, una presentación del quinteto en el Poliedro de Caracas, Venezuela dejó un total de 400 desmayos entre las histéricas fanáticas, lo que según alegaron las autoridades, estableció un récord.

Menudo llegó a ser el primer artista hispano en alcanzar la categoría de ídolo en Brasil.

El quinteto grabó discos en cinco idiomas diferentes: español, inglés, portugués, italiano y tagalo (idioma de Filipinas).

Charlie, Xavier y Johnny, bromean entre sí, ataviados con las camisas de Menudo.

DISCOGRAFIA

Menudo (Los Fantasmas)		1977
Menudo (Laura)		1978
Menudo (Chiquitita)		1979
Más, mucho más		1980
Es Navidad		1980
Menudo (Fuego)		1981
Rock Chiquillo/Quiero ser		1981
Por amor		1982
Una aventura llamada Menudo		1982
Feliz Navidad		1983
A todo Rock		1983
Reaching Out	inglés	1984
Mania	portugués	1984
Evolución		1984
Ayer y hoy	inglés	1985
Menudo	inglés	1985
Festa Vai Comecar	portugués	1986
Refrescante		1986
Menudo	portugués	1986
Can't Get Enough	inglés	1986
Viva Bravo	italiano	1986
Somos los hijos del Rock		1987
Menudo In Action	tagalo	1987
Sons of Rock	inglés	1988
Sombras y figuras		1988
Los últimos héroes		1989
No me corten el pelo		1990
Detrás de tu mirada		1991
15 años		1992
Imagínate		1994
Vem Pram Min	portugués	1995
Tiempo de amar		1996
MDO		1997

COMPILACIONES

Menudo de colección	1983
Adiós Miguel	1983
Con amor Menudo: tus éxitos favoritos	1984
16 Greatest Hits	1984
Super éxitos de Menudo	1987
The Best of Menudo	1988
La década	1990
La colección	1990

Nombre Ingresa.	Año de Ingrso	Nombre Ingresa.	Año de Ingrso	Nombre Ingresa.	Año de Ingrso	Nombre Ingresa.	Año de Ingrso	Nombre Ingresa.	Año de Ingrso
Netty Salaberry	77	Carlos Meléndez	77	Fernando Salaberry	77	Oscar Meléndez	77	Ricky Meléndez	77
Rene Farrall	79	Johnny Lozada	80	Xavier Serbia	80	Miguel Cancel	81	Ricky Martin	84
Charlie Rivera	82	Robby Rosa	84	Ray Reyes	83	Roy Rosello	83	Rawle Torres	89
Ralphy Rodriguez	86	Rubén Gómez	87	Raymond Acevedo	85	Sergio González	86	Ashley Ruiz	91
Angelo Garcia	88	Jonathan Montenegro	90	Robert Avellanet	88	Edward Aguilera	90	Anthony Galindo	96
Cesar Abreu	90	Abel Talamantez	91	Alexis Grullón	91	Andy Blázquez	91		
Adrian Olivares	90					Daniel René	97		
Ricky López	93								
Didier Hernández	96								

* 9 7 8 1 8 8 1 7 1 3 7 1 5 *